Sigrid Grün

'Fremd in einzelnen Dingen'

Fremdheit und Alterität bei Herta Müller

Sigrid Grün

'Fremd in einzelnen Dingen'

Fremdheit und Alterität bei Herta Müller

ibidem-Verlag
Stuttgart

Bibliografische Information der Deutschen Nationalbibliothek
Die Deutsche Nationalbibliothek verzeichnet diese Publikation in der Deutschen Nationalbibliografie; detaillierte bibliografische Daten sind im Internet über http://dnb.d-nb.de abrufbar.

Bibliographic information published by the Deutsche Nationalbibliothek
Die Deutsche Nationalbibliothek lists this publication in the Deutsche Nationalbibliografie; detailed bibliographic data are available in the Internet at http://dnb.d-nb.de.

Coverabbildung: © Jutta Rotter / PIXELIO

Foto der Autorin: Beate Teresa Hanika

∞

Gedruckt auf alterungsbeständigem, säurefreien Papier
Printed on acid-free paper

ISBN-10: 3-8382-0061-6

ISBN-13: 978-3-8382-0061-3

Printed in Germany

Für Jan

Inhaltsverzeichnis

1 Inhaltliche und methodische Einführung 11

1.1 Anlass der Untersuchung und Fragestellungen 12

1.2 Vorgehensweise und Problematik 12

2 Annäherung an den Begriff 15

3 Theoretische Positionen 19

3.1 Soziologische Zugänge 19

3.2 Psychologische Sichtweisen 21

3.3 Philosophische Ansätze 25

4 Poetologische Voraussetzungen 29

4.1 Autobiographisches Schreiben vs. Autofiktionalität 29

4.2 Die erfundene Wahrnehmung und der ganz andere Diskurs des Alleinseins 31

4.3 Der fremde Blick 37

5 Fremdheit und Sprache 41

5.1 Muttersprache und Landessprache 42

5.2 Das Eindringen des Fremden: Surrealismus und Polyglossie 46

6 Ethnozentrismus 51

6.1 Die Grundlagen der Ordnung im banatschwäbischen Dorf 52

6.1.1 Mythen deutscher Heimat 52

6.1.2 Das Eigene als Norm – Autoethnisierung 54

6.2 Das Fremde als Bedrohung der dörflichen Ordnung 58

6.2.1 Die Furcht vor dem Fremden und Andersartigen 58

6.2.2 Der Umgang mit dem Fremden 60

7 Fremdheit und Weiblichkeit 65

7.1 Geschlechterordnungen 65

7.1.1 Patriarchale Machtverhältnisse 66

7.1.2 Sexualität und Gewalt 69

7.2 Das Weiblich-Andere 73

7.2.1 Erfahrungen von Differenz 73

7.2.2 Alternative Orte und Seinsweisen des Weiblichen 76

7.3 Exkurs: Homosexualität als alteritäre Seinsweise 79

8 Fremdheit im totalitären Staat 83

8.1 Die diktatorische Ordnung 83
8.1.1 Die *verlogene Heimat* des Diktators 84
8.1.2 Mechanismen der Unterdrückung 85
8.2 Das Fremde als Bedrohung der Macht 88
8.2.1 Alterität als Widerstand 88
8.2.2 Der Umgang mit dem Fremden 91
9 Fremdheit und Migration 95
9.1 Transitorische Räume – Zwischen Ausreise und Ankunft 95
9.2 Der *Frosch der Freiheit* – Die Bundesrepublik als demokratisch-kapitalistisches System 98
9.3 Die ‚anderen' Deutschen – Die Sicht auf den Fremden 101
10 Intrasubjektive Fremdheit 105
10.1 Fragmentarisierung und Selbstverlust 105
10.2 Hybridität und nomadische Subjektivität 113
11 Fremdheit als literarische Strategie 119
12 Literaturverzeichnis 121

1 Inhaltliche und methodische Einführung

Fremdheit als ästhetischer Begriff - das Andere, Alterität, Differenz - ist ein Axiom der literarischen Moderne. Nach Adorno ist das Nichtanzueignende der Fremdheit ein Merkmal von Kunst. Das Kunstwerk will in Abgrenzung von der empirischen Wirklichkeit „die Identität mit sich selbst. [...] Ästhetische Identität soll dem Nichtidentischen beistehen, das der Identitätszwang in der Realität unterdrückt."[1] Es geht also bei Adorno, der Kunst und Wirklichkeit zwei vollständig getrennten Bereichen zuordnet, um ein Fremdes in der Kunst, das sich nicht durch vermehrtes Wissen in Bekanntes verwandeln lässt, sondern dessen Differenz zum Bekannten unüberbrückbar bleibt. Fremdheit wird so zum möglichen „Hort der Widerständigkeit und verkörper[t] die Hoffnung auf einen unverlierbaren Rest an Freiheit"[2].

Helmuth Plessner sieht in der „Kunst des entfremdenden Blicks [...] eine unerlässliche Voraussetzung allen echten Verstehens"[3]. In dem 1953 entstandenen Aufsatz *Mit anderen Augen* stellt er fest, dass man „der Zone der Vertrautheit fremd geworden sein"[4] muss, um wieder sehen zu können. Das Fremde oder Andere soll nicht im Eigenen aufgehen, denn:

> „Verstehen ist nicht das sich Identifizieren mit dem Anderen, wobei die Distanz zu ihm verschwindet, sondern das Vertrautwerden in der Distanz, die das Andere als das Andere und Fremde zugleich sehen läßt."[5]

Auch Herta Müller zielt nicht auf die Aufhebung des Fremden, sondern räumt ihm eine bedeutende Rolle in ihrem Werk ein, in dem sie beständig versucht, den in der Realität verankerten Identitätszwang der kollektiven Anpassung zu unterlaufen.

---

1 Adorno, Theodor W.: Ästhetische Theorie. Frankfurt/Main, 1973, S. 14

2 Münkler, Herfried; Bernd Ladwig: Dimensionen der Fremdheit. In: Dies.: Furcht und Faszination. Facetten der Fremdheit. Berlin, 1997, S. 36

3 Plessner, Helmuth: Conditio humana. Gesammelte Schriften VIII, Frankfurt/Main, 2003, S. 94

4 Ebda., S. 92

5 Ebda., S. 102

1.1 Anlass der Untersuchung und Fragestellungen

Fremdheit und Alterität werden im Werk Müllers nicht als etwas Defizitäres gesehen, sondern als Strategie, um tradierte Ordnungen, die als bedrohlich empfunden werden, zu zerschlagen und neue literarische Formen zu erkunden. Bewusst setzt Müller Mittel der Moderne ein: Montage und Collage spielen mit den Grenzen der Wahrnehmung beim Rezipienten und zeugen von der „gebrechlichen Einrichtung der Welt". (HS 7-15)

Die drei beschriebenen Lebenswelten, die von der Autorin als *deutscher Frosch, Frosch des Diktators* und *Frosch der Freiheit* charakterisiert werden, erfahren durch das Eindringen von Fremdem bzw. Andersartigem eine tiefe Verunsicherung.

Fremdheit und Alterität spielen in allen Büchern Herta Müllers eine zentrale Rolle und sind sowohl für den Verlauf als auch für die Gesamtaussage ihrer Texte maßgeblich. Ziel dieser Studie ist es, literarischen Fremdheitserfahrungen im Werk Müllers nachzuspüren. Die Untersuchung wird im Wesentlichen von folgenden Fragen geleitet:

Welche Ordnungen beschreibt Herta Müller in ihren Texten?

Was setzt die Autorin den verfestigten Strukturen entgegen?

Welche Funktion soll das Fremde erfüllen?

Vorrangig wird also die Fremdheit als literarische Strategie im Mittelpunkt der Darstellung stehen. Differenz ist ein konstitutiver Bestandteil der Literatur Herta Müllers und ihre Konzeption des Anderen birgt ein enormes Potenzial. Existenzielle Fremdheitserfahrungen, die vom Erzähl-Ich bzw. von der Autorin (in den Essays) als bedrohlich empfunden werden, werden nicht zuletzt aufgrund des begrenzten Rahmens der vorliegenden Studie eher zweitrangig behandelt.

1.2 Vorgehensweise und Problematik

Im ersten Teil werde ich einen Theorierahmen entwickeln, innerhalb dessen das Fremde bzw. der Fremde besser analysierbar und verortbar werden sollen. Verschiedene sozial- und geisteswissenschaftliche Theorien werden darin auf ihre Brauchbarkeit für mein Vorhaben, die Kategorie der Fremdheit im Werk Herta

Müllers zu untersuchen, hin überprüft. Entsprechend wurde die Auswahl unter dem Gesichtspunkt der Anwendbarkeit auf die zu analysierenden Texte vorgenommen. Aufgrund der Vielzahl relevanter Fremdheitstheorien erhebt die vorliegende Studie keinerlei Anspruch auf Vollständigkeit. Interessante Ansätze, wie beispielsweise Tzvetan Todorovs[6], Alois Hahns[7] sowie Armin Nassehis[8] Fremdheitskonzepte, Ansätze der Ethnopsychoanalyse[9] oder George Herbert Meads Identitätstheorie[10], mussten außer Acht gelassen werden. Die im ersten Teil beschriebenen fachspezifischen Definitionen sollen auch nicht alleine den Rahmen bilden, da sonst maßgebliche Teile der Analyse eine zu geringe Berücksichtigung erfahren würden.

Zu beachten ist, dass bei den aufgeführten Theorien meist keine strikte Unterscheidung zwischen Fremdheit und Andersheit vorgenommen wird. Häufig werden Probleme der Fremdheit als Probleme der Alterität verhandelt. So ist beispielsweise bei Levinas stets die Rede vom „Anderen". Bernhard Waldenfels beabsichtigt diese Ungenauigkeit zwar zu vermeiden, indem er strikt zwischen Verschiedenem und Geschiedenem zu unterscheiden versucht, kann die angestrebte Begriffsgenauigkeit allerdings auch nicht durchhalten (vgl. 2.1.3).

Problematisch ist eine strikte Unterscheidung zwischen Fremdheit und Alterität ohnehin, da der Bedeutungsgehalt des Begriffes *Fremdheit* in der deutschen Sprache unter anderem auch *das Anderen gehörende* (vgl. *alienum/alien*) umfasst und das Andere damit auf alle Fälle aufgreift.[11]

---

6 Vgl. Todorov, Tzvetan. Die Eroberung Amerikas. Das Problem des Anderen. Frankfurt/Main, 1985

7 Etwa in: Hahn, Alois: Soziologie des Fremden. In: Erfahrungen des Fremden, Vorträge im Sommersemester 1992, Heidelberg, 1992, S. 23-34

8 Vgl. Nassehi, Armin: Der Fremde als Vertrauter. Soziologische Beobachtungen zur Konstruktion von Identitäten und Differenzen. In: Kölner Zeitschrift für Soziologie und Sozialpsychologie 47, 1995, S. 443-463

9 In der Ethnopsychoanalyse sind vor allem die Ansätze Georges Devereux' und Mario Erdheims zu erwähnen.

10 Vgl. Mead, George Herbert: Geist, Identität und Gesellschaft aus der Sicht des Sozialbehaviorismus. Frankfurt/Main, 1968

11 Vgl. Sandkühler, Hans Jörg (Hg.): Enzyklopädie Philosophie. Bd. 1. A-N. Hamburg, 1999, S. 407 s.v. Fremd/ Fremdheit

Da auch im Werk Herta Müllers das Fremdartige häufig als Andersartiges vorkommt, sollen Konzepte der Alterität in die theoretischen Fremdheitsbestimmungen mit einfließen.

Im Anschluss an diese Diskussion der Fremdheitstheorien sollen die poetologischen Grundlagen, auf die die Autorin in zahlreichen Essays Bezug nimmt, eine Art Hinführung zum Thema bilden.

Schließlich werde ich anhand der Analyse einiger maßgeblicher Textstellen versuchen zu klären, in welchen Bereichen Fremdheit und Alterität im Werk der banatschwäbischen Autorin eine wichtige Rolle spielen. Hierbei werden vor allem Texte aus dem Prosawerk aber auch aus dem umfangreichen essayistischen Oeuvre Müllers berücksichtigt.

2 Annäherung an den Begriff

In der deutschen Sprache ist Fremdheit ein sehr heterogenes Begriffsfeld. Während das Englische beispielsweise zwischen *foreign, strange* und *alien* unterscheidet, werden all diese Bestimmungen im Deutschen unter dem Begriff *fremd* zusammengefasst. Eine etymologische Analyse des Wortes ergibt, dass ursprünglich vor allem die räumliche Dimension von Bedeutung war. Das rekonstruierte germanische Wort *fram* bedeutete so viel wie *entfernt, fern, fern von* oder *weg von*.[12] Diesem Ortsaspekt des Fremden wird auch noch heute in zahlreichen Theorien Rechnung getragen. Insbesondere Bernhard Waldenfels betont in seiner *Topographie des Fremden* den örtlichen Gesichtspunkt.

Bei dem Versuch sich dem Fremdheitsbegriff zu nähern, muss zunächst berücksichtigt werden, dass Fremdheit als Qualität von Personen (der Fremde), von Objekten (das Fremde) oder von Regionen (die Fremde) in Erscheinung treten kann. Häufig sind diese Formen eng miteinander verbunden. Fremde Objekte stehen oft im Zusammenhang mit fremden Personen. Diese Objekte können materieller (etwa Handelsgüter) oder immaterieller (beispielsweise Kenntnisse) Natur sein.[13]

Herfried Münkler und Bernd Ladwig unterscheiden zwei Dimensionen der Fremdheit:

Soziale Fremdheit betont die Nichtzugehörigkeit eines Anderen und resultiert aus einer exkludierenden Grenzziehung. Die *kulturelle* Dimension bezieht sich auf Fremdheit im Sinne von Unvertrautheit.[14] Diese beiden Bedeutungsdimensionen können auch ineinandergreifen. Das Unvertraute kann zugehörig, das Nichtzugehörige vertraut sein. Eine Durchdringung der Fremdheitsdimensionen offenbart sich auch bei der Analyse der Texte Herta Müllers. Im Zusammenhang mit den beschriebenen Migrationserfahrungen kommt zum Beispiel sowohl die soziale Fremdheit im Sinne einer Nichtzugehörigkeit als auch die kulturelle Fremdheit als Unvertrautheit mit der neuen Lebenswelt zum Tragen. Eine exak-

---

12 Vgl. Kluge, Friedrich: Etymologisches Wörterbuch der deutschen Sprache. Bearb. von Elmar Seebold. Berlin, 1995, 23. Auflage, S. 285

13 Vgl. Stagl, Justin: Grade der Fremdheit. In: Münkler; Ladwig, S. 101

14 Vgl. Münkler; Ladwig, S. 8

te Zuordnung ist nur selten möglich, zumal eine genaue Definition der einzelnen Aspekte problematisch ist.

Das Fremde hat einerseits den Anspruch, erkannt, benannt, eingeordnet und bewältigt zu werden, paradoxerweise entzieht es sich aber jeglichem endgültigen Benennungs-, Einordnungs- und Bewältigungsvorhaben. Es lässt sich nicht festlegen. Vielmehr lassen sich stets nur Teilaspekte des Phänomens ausmachen. Das eben ist es, was Fremdheit charakterisiert. In seiner vehementen Unfassbarkeit geht es über die Grenzen unseres Verstehens hinaus:

> „Die Aufforderung des Fremden hat keinen Sinn und sie folgt keiner Regel, vielmehr provoziert sie Sinn, indem sie vorhandene Sinnbezüge stört und Regelsysteme sprengt. Das *dérèglement des sens*, das Rimbaud der Poesie zuschreibt, eignet allen genuinen Formen der Fremdheit."[15]

Erklärungsversuche für das Fremde greifen also in aller Regel auf das Eigene zurück. Fremdheit ist damit <u>relational</u>, denn sie beschreibt „keine eigene Qualität [...], kein[en] Zustand, keine Eigenschaft", sondern verweist auf „ein spezifisches Beziehungsverhältnis"[16].

Dies setzt aber voraus, dass eine gewisse soziale oder räumliche Nähe zum Eigenen vorliegt,

> „denn das unerreicht Ferne bzw. schlechthin Unbekannte ist [...] uns schon deshalb nicht fremd, weil wir darüber überhaupt nichts Bestimmtes aussagen können, nicht einmal, daß wir es, als Fremdes, nicht näher zu bestimmen vermögen"[17].

Georg Simmels „Bewohner vom Sirius"[18] können uns nicht fremd sein, da wir nicht einmal wissen, ob sie überhaupt existieren. Und ohne um ihre Existenz zu wissen, können wir auch in keinerlei Beziehung zu ihnen stehen.

---

15 Waldenfels, Bernhard: Topographie des Fremden. Studien zur Phänomenologie des Fremden I, Frankfurt/Main, 1997, 3. Auflage, S. 52

16 Reuter, Julia: Ordnungen des Anderen. Zum Problem des Eigenen in der Soziologie des Fremden. Bielefeld, 2002, S. 27

17 Münkler; Ladwig. In: Dies., S. 14

18 Simmel, Georg: Exkurs über den Fremden. In: Ders.: Soziologie. Untersuchung über die Formen der Vergesellschaftung, Frankfurt/Main, 1992, S. 765

Fremde sind also stets vertraute, „*präsente* und *sichtbare* Fremde, die in einer spezifischen gesellschaftlichen Umgebung und Situation als fremd behandelt und gedeutet werden“[19].
Fremdheit etabliert sich zudem stets „zu einer ihr zugrunde gelegten sozialen Ordnung; gesellschaftliche Ordnungen bringen Fremde bzw. Fremdes hervor“[20]. Fremdheit ist folglich eine Zuschreibungsleistung eines Einzelnen oder einer Gruppe.
Darüber hinaus besitzt das Fremde regulative Funktion, denn die Ordnung wird stets durch den abweichenden Charakter des Fremden hervorgebracht. Ein innerer Zusammenhalt ergibt sich erst durch die Bedrohung von außen, die somit zum Regulativ für den Bereich des Vertrauten wird.[21]
Relation, Zuschreibung und Regulativ sind wesentliche Aspekte des Fremden, die es zwar näher beschreiben, aber nicht gänzlich festlegen können.
Eine weitere Möglichkeit, sich dem Fremden zu nähern, besteht in der Auslotung seiner Dimensionen.

19 Reuter, S. 31
20 Ebda., S. 37
21 Vgl. ebda., S. 47

3 Theoretische Positionen

Der Versuch einer Annäherung an das Fremde wurde bereits von Vertretern sämtlicher sozial- und geisteswissenschaftlicher Disziplinen unternommen. Im Folgenden sollen einige Fremdheitstheorien aufgegriffen werden, die sich für die Analyse der unterschiedlichen Aspekte von Fremdheit in Herta Müllers Texten besonders eignen.

3.1 Soziologische Zugänge

Zunächst wird Georg Simmels Ansatz zum spezifischen Verhältnis von Nähe und Distanz zwischen Fremden und Einheimischen vorgestellt. Anschließend werde ich auf Alfred Schütz' Konzept eingehen, das sich mit der Situation des Eintritts in eine neue soziale Ordnung auseinandersetzt. Schließlich wird Niklas Luhmanns systemtheoretischer Ansatz auf seine Brauchbarkeit für mein Vorhaben überprüft.

Bereits 1908 entwarf Georg Simmel in seinem Essay *Exkurs über den Fremden* eine Konzeption des Fremden, die als Ausgangspunkt der soziologischen Reflexion über das Fremde gilt und in diesem Diskussionszusammenhang bis in die heutigen Tage am häufigsten zitiert wird. Simmel bestimmt in seinem Aufsatz die soziale Position des Fremden innerhalb einer als homogen eingestuften Gemeinschaft. Der Fremde hat einen Beobachterstatus inne und stellt aufgrund seiner quasi-objektiven Sicht ‚von außen' einen neutralen Bezugspunkt für die Anderen dar. Somit ruft er durch seine Präsenz im Idealfall positive Effekte in der Gesellschaft hervor. Simmel beschreibt ihn darüber hinaus als den „potenziell Wandernde[n]"[22]:

> „Weil er nicht von der Wurzel her für die singulären Bestandteile oder die einseitigen Tendenzen der Gruppe festgelegt ist, steht er allen diesen mit der besonderen Attitüde des ‚Objektiven' gegenüber, die nicht etwa einen bloßen Abstand und Unbeteiligtheit bedeutet, sondern ein besonderes Gebilde aus Ferne und Nähe, Gleichgültigkeit und Engagiertheit ist. [...] Er ist der Freiere, praktisch und theoretisch, er übersieht die

[22] Simmel, S. 764

Verhältnisse vorurteilsloser, mißt sich an allgemeineren, objektiveren Idealen und ist in seiner Aktion nicht durch Gewöhnung, Pietät, Antezedentien gebunden."[23]

Für den Kontext der vorliegenden Studie ist vor allem der Fremde als Wandernder, der einen Beobachterstatus einnimmt, von Bedeutung. Insbesondere die Migrantin Irene, die das neue Land von einem objektiven Standpunkt aus betrachten kann, beobachtet in der Erzählung *Reisende auf einem Bein* die Befindlichkeiten in der Bundesrepublik Deutschland.
Im Rahmen seines wissenssoziologischen Ansatzes typisiert Alfred Schütz den Fremden als Immigranten. Die Erfahrung der Fremdheit gestaltet sich für ihn krisenhaft, und das Problem der kulturellen Identität wird zum Problem des Verstehens. Das Eigene und das Fremde unterscheiden sich durch unterschiedliche Wissenshorizonte. Weil er eine andere Wissensordnung besitzt, kollidiert der Fremde mit dem Wissenshorizont der kulturellen Gemeinschaft. Das Problem des Verstehens beruht auf Gegenseitigkeit. Nicht nur der Fremde durchlebt eine krisenhafte Erfahrung, sondern auch die vorgefundene relativ homogene Gruppe:

> „Indem der Fremde die üblichen Weltauslegungsschemata in seiner Alterität ‚blockiert' - das gewohnte Wissen läuft ins Leere, da der Fremde sich anders als andere verhält -, bringt er die vermeintliche ‚Klarheit' des Wissens der Gruppe, deren Mitglied er werden will, ins Wanken. [...] Der objektiv und subjektiv gemeinte Sinn seines Handelns bleibt verschlossen, dramatischer jedoch erscheint die Tatsache, daß unser Weltauslegungsschema nicht mehr fraglos, sondern *fragwürdig* geworden ist. [...] Der Fremde treibt damit einen Keil in das stabile Selbstvertrauen der Gruppe."[24]

Um den Fremden seiner Andersartigkeit zu berauben, ist die Gemeinschaft stets bestrebt, ihn zu assimilieren. Schütz' Ansatz ist insbesondere im Zusammenhang mit den Migrationserfahrungen, die in den späten Texten Herta Müllers geschildert werden, relevant.
Dem Systemtheoretiker Niklas Luhmann zufolge beruht der Gegensatz von *fremd* und *eigen* auf sozialer Differenzierung. Inklusion und Exklusion bilden die Grundlage sozialer Differenzierungsprozesse. Die moderne, funktional differenzierte Gesellschaft muss aus strukturellen Gründen „auf eine gesellschaftseinheitliche Regelung von Inklusion verzichten. Sie überlässt diese Frage ihren

23 Simmel, S. 766f.

24 Reuter, S. 109

Funktionssystemen"[25]. So ist beispielsweise die Teilnahme am Erziehungssystem über die Schule und Schulabschlüsse geregelt. Der Inklusion setzt Luhmann die Exklusion entgegen, denn der Begriff Inklusion „ist nur zu gebrauchen, wenn er sichtbar macht, was er ausschließt"[26]. An dieser Stelle knüpft er an die Differenztheorie George Spencer-Browns an, die auf einem formalen System beruht, das auf der grundlegenden Form des Unterscheidens aufbaut. Bildet man zum Beispiel den Formbegriff der Inklusion, so bezeichnet dieser „die innere Seite der Form, deren äußere Seite ‚Exklusion' ist"[27]. Exklusion ist folglich kein Sonderfall, sondern die Regel, da Funktionssysteme Personen logischerweise auch immer ausschließen oder so stark marginalisieren, dass ihnen der Zugang zu anderen Funktionssystemen ebenfalls erschwert oder gar versperrt wird.

Luhmann führt als häufigste Ursachen für die Exklusion bestimmter Personen zwei Gründe an. Entweder handelt es sich um „Menschen anderer Art" oder es liegt „ein gravierender Normverstoß vor"[28].

Niklas Luhmanns Ansatz ist in mehrfacher Hinsicht interessant für die Analyse von Herta Müllers Literatur. Inklusions- bzw. Exklusionsprozesse spielen durchgehend eine wichtige Rolle.

Ausschluss oder Marginalisierung werden als die einzigen Möglichkeiten der Reaktion auf das Fremde beschrieben. Wer gegen die Norm verstößt wird ebenso marginalisiert wie „Menschen anderer Art".

3.2 Psychologische Sichtweisen

In Sigmund Freuds Psychoanalyse wird zwar nicht explizit auf den Begriff der „Fremdheit" Bezug genommen, doch lässt er sich aus der Instanzenlehre sowie aus dem 1919 entstandenen Aufsatz *Das Unheimliche* ableiten. Die Einteilung des Individuums in „Ich", „Es" und „Über-Ich" wurde insbesondere in *Das Ich und das Es*[29] herausgearbeitet. Während das „Es" sich weitgehend in (Kindheits-)bil-

---

25 Luhmann, Niklas: Inklusion und Exklusion. In: Ders.: Soziologische Aufklärung 6. Die Soziologie und der Mensch, Opladen, 2005, 2. Auflage, S. 232

26 Ebda., S. 227

27 Ebda., S. 229

28 Ebda.

29 Freud, Sigmund: Das Ich und das Es. In: GW XIII, Frankfurt/Main, 1967, 5. Auflage, S. 235-289

dern manifestiert und in der Traumarbeit seine Triebenergie umsetzt, konstituiert sich das „Über-Ich" aus gesellschaftlich vermittelten Normen. Zwischen diesen beiden Polen steht – vereinfacht ausgedrückt – das „Ich". „Es" und „Über-Ich" sind vom „Ich" getrennte und damit fremde Instanzen, die aber einen großen Einfluss auf das „Ich" ausüben.[30]

Das Unheimliche als eine Ausprägung des Fremden wird von Freud in einem gleichnamigen Text als „jene Art des Schreckhaften, welche auf das Altbekannte, Längstvertraute zurückgeht" bestimmt. Er setzt den Begriff „unheimlich" in Relation zu „heimlich", das er als „heimisch" im Sinne von „vertraut" deutet. Im Anschluss an diese etymologische Untersuchung versucht er auszumachen, „unter welchen Bedingungen das Vertraute unheimlich, schrecklich werden kann"[31].

Freud führt das Unheimliche auf infantile Quellen zurück. Das *Heimliche* als etwas einst Vertrautes erfährt durch den Mechanismus der Verdrängung eine Entfremdung von seinem ursprünglichen, infantilen Inhalt. Das Unheimliche hat seinen Ursprung also im Selbst und tritt dann zu Tage, wenn die verdrängte Gefühlsregung aus der Verdrängung wieder auftaucht.

Das Unheimliche kann Freud zufolge durch zwei unterschiedliche Formen der erlebten Wiederkehr erzeugt werden. Entweder entspringt es infantilen Quellen, oder es stellt eine Rückkehr aus überwundenen animistischen Denkweisen dar.[32]

Das Fremde ist also in uns selbst und wird nicht von außen an uns herangetragen.

Von Freuds psychoanalytischer Methode und de Saussures strukturalistischem Ansatz ausgehend, entwickelt Jacques Lacan in seinen Schriften eine sprachliche Unterteilung des psychischen Apparates in die Bereiche des imaginären *moi*, des realen *je* und der *symbolischen Form* der *Anderen*, die für die sprachliche Ordnung steht.[33]

Das reale *je* ist unbewusst und damit nicht reflektierbar. Lacan zufolge entsteht im Spiegelstadium (ab dem 6.-8. Lebensmonat) das imaginäre *moi*, das sich der

30 Vgl. Lohmann, Hans-Martin; Joachim Pfeiffer (Hg.): Freud-Handbuch. Leben – Werk – Wirkung. Stuttgart 2006, S. 204, S. 121f.

31 Freud, Sigmund: Das Unheimliche. In: GW XII, Frankfurt/Main, 1966, 3. Auflage, S. 231

32 Vgl. Lohmann, S. 204

33 Vgl. Lacan, Jacques: Das Seminar von Jacques Lacan. Buch I (1953-1954). Freuds technische Schriften. Olten, 1978, S. 97f.

unbewussten Identifikation mit Objekten der Umgebung verdankt. Spiegel können insbesondere die Mutter oder der Vater sein, der das Kind durch das Gesetz des Inzesttabus in die sprachliche Ordnung einführt. Das Erkennen im Spiegelstadium ist somit immer ein Verkennen und eine Entfremdung. Tritt das Kind in die symbolische Ordnung der Sprache und den Diskurs der Anderen ein, so lernt es sein Verlangen sprachlich auszudrücken, um den (unbewussten) Bedürfnissen des *je* gerecht zu werden.

Dadurch findet eine Verdrängung der Bereiche des Symbolischen ins *moi* statt, „welches sich just in dem Moment bildet“[34]. Lacan zufolge ist es wichtig zu erkennen, dass „die symbolische Ordnung [...] konstitutiv für das Subjekt“[35] ist. Fremdheit ist also auf zwei Ebenen darstellbar: Bezüglich des nicht zugänglichen Unbewussten und in Bezug auf die symbolische Ordnung, die bedingt, dass Selbsterkenntnis immer auch eine Entfremdung bedeutet.

Der Zugang zur symbolischen Ordnung ist Lacan zufolge nur dem männlichen Subjekt möglich: „La femme n'existe pas“ bzw.:

> „Es gibt nicht *Die* Frau, bestimmter Artikel, um zu bezeichnen das Universale. Es gibt nicht *Die* Frau, denn - ich habe den Ausdruck bereits riskiert, und weshalb sollte ich da zweimal hinschauen - ihrem Wesen nach ist sie nicht alle. [...] Es gibt Frau nur ausgeschlossen durch die Natur der Dinge, die die Natur der Wörter ist, und man muß schon sagen, daß, wenn es etwas gibt, worüber sie selbst sich genug beklagen für den Augenblick, dann doch über das - sie wissen einfach nicht, was sie sagen, das ist der ganze Unterschied zwischen ihnen und mir.“[36]

Lacan siedelt das Weibliche außerhalb der symbolischen Ordnung, im Unbewussten an. Dort überdauert es und kann schlagartig in den „Diskurs des Symbolischen“ eindringen und damit „dessen Versuche, Sinn zu stiften“ stören.[37] Diese Fähigkeit des Weiblichen wirkt bedrohlich, da sie die männliche Ordnung gefährdet. Lacans Schülerinnen Luce Irigaray, Hélène Cixous und Julia Kristeva versuchten die Auswirkungen männlicher Herrschaft, wie sie beispielsweise La-

---

34 Hiebel, Hans H.: Strukturale Psychoanalyse und Literatur (Jacques Lacan). In: Bogdal, Klaus-Michael: Neue Literaturtheorien. Opladen, 1997, 2. Auflage, S. 57-83, hier S. 57ff.

35 Lacan, Jacques: Das Seminar. Buch 20. Encore. Weinheim, 1986, S. 9

36 Ebda., S. 80

37 Weber, Ingeborg: Weiblichkeit: Wahn und Wirklichkeit. Von der Geschichtsmächtigkeit der Bilder des Weiblichen. In: Dies.: Weiblichkeit und weibliches Schreiben. Darmstadt, 1994, S. 21

can in seiner Vorstellung repräsentierte, in der die Frau aus dem Diskurs des Symbolischen ausgeschlossen bleibt, bewusst zu machen und die phallogozentrische Ordnung zu unterlaufen. Eine dieser Poststrukturalistinnen setzte sich in besonderem Maße mit Fremdheit auseinander.

An Freuds psychoanalytischen Ansatz anknüpfend, sieht Julia Kristeva die Quelle des Fremden im eigenen Selbst. Kristeva, die von Bulgarien nach Frankreich emigrierte, beschäftigte sich aufgrund ihrer eigenen Fremdheitserfahrungen immer wieder mit diesem Phänomen. In ihrem 1988 erschienenen Werk *Fremde sind wir uns selbst* fordert sie dazu auf, sich mit dem Fremden in sich selbst, dem Unbewussten, Unheimlichen der verdrängten Differenz auseinanderzusetzen:

> „In der faszinierten Ablehnung, die der Fremde in uns hervorruft, steckt ein Moment jenes Unheimlichen, im Sinne der Entpersonalisierung, die Freud entdeckt hat und die zu unseren infantilen Wünschen und Ängsten gegenüber dem anderen zurückführt – dem anderen als Tod, als Frau, als unbeherrschbarer Trieb. Das Fremde ist in uns selbst. Und wenn wir den Fremden fliehen oder bekämpfen, kämpfen wir gegen unser Unbewusstes – dieses ‚Uneigene' unseres nicht möglichen Eigenen."[38]

Die Anerkennung des Fremden als internes Eigenes bildet damit die Voraussetzung für die Anerkennung des Fremden außerhalb. Diese radikale Forderung, sich den beunruhigenden Aspekten des Subjekts auszusetzen und der daraus resultierenden Verunsicherung und Destabilisierung mit Akzeptanz zu begegnen, erfordert sowohl die Verabschiedung abgeschlossener Identitätskonzepte als auch die Berufung auf ein totalisierendes Gesetz.

Damit erweist sich die theoretische Arbeit Kristevas vor allem für die Diskussion intrasubjektiver Fremdheit als fruchtbar.

Im Werk der Kulturtheoretikerin spielt auch die Auseinandersetzung mit Mütterlichkeit bzw. Weiblichkeit eine herausragende Rolle.

In ihrer Theorie des doppelten Ursprungs geht Kristeva von einem weiblich-mythischen und einem männlich-logischen Ursprung aus. Der mythische Ursprung (die Fremdheit), der mit der nichtintelligiblen und weiblichen Energie assoziiert wird, erfährt beim Eintritt des Individuums in die symbolische Ordnung eine Verdrängung durch den männlich-logischen Ursprung. Damit verschwindet dieser Persönlichkeitsanteil aber nicht völlig, sondern wird ins Unbewusste verdrängt. Nur eine Anerkennung dieser Verdrängung und des Ver-

---

[38] Kristeva, Julia: Fremde sind wir uns selbst, Frankfurt/Main, 1990, S. 208f.

drängten halten das Subjekt in Bewegung. Kristeva fordert also nicht die Aufhebung der Fremdheit, sondern ihre Akzeptanz.
Als verdrängtes Anderes bildet das Semiotische den beunruhigenden Hintergrund der Sprache und der Identität. Der geheimnisvoll weibliche Anteil der Sprache wird als verändernde Kraft mit nachgerade revolutionärem Potenzial interpretiert.
Rhythmus, Stimmklang und die graphische Gestaltung im geschriebenen Text gehören zum semiotischen Aspekt. Sprache wird aber niemals allein von semiotischen Prozessen bestimmt. Vielmehr stellt die dichterische Sprache eine „*Fusion* von Symbolischem und Semiotischem dar“[39].

3.3 Philosophische Ansätze

Edmund Husserl zufolge besteht das Fremde in einer „bewährbaren Zugänglichkeit des original Unzugänglichen“[40]. Diese paradoxe Bestimmung charakterisiert das Fremde nicht als Mangel, sondern als eine Art von leibhaftiger Abwesenheit, die dem Fremden auf ähnliche Weise eignet wie dem Vergangenen. Zudem findet durch die Betonung der Zugänglichkeit eine Umwandlung der traditionellen Was-Frage in eine Wo-Frage statt.
Laut der phänomenologischen Intersubjektivitätstheorie Husserls ist die Erkenntnis des Anderen nur möglich, weil er analog zum eigenen *Ich* oder zum *alter ego* steht.
In seiner Unterscheidung von Heim- und Fremdwelt versuchte er, das Fremde mit den Mitteln des Eigenen zu konstituieren „und in der individuellen wie der kollektiven Erfahrung an einem Kernbestand des Eigenen festzuhalten“[41]. Die Problematik dieses Ansinnens erkennt er selbst, wenn er feststellt, dass man dem Eigenen „einen Rest [...] [a]n Anonymität“[42] einräumen muss. Eine saubere

39 Kupke, Christian: Julia Kristeva. Das Pathos des Denkens oder Die zweifache Genese des Subjekts. In: Moebius, Stephan; Quadflieg, Dirk (Hg.): Kultur: Theorien der Gegenwart. Wiesbaden, 2006, S. 229

40 Husserl, Edmund: Cartesianische Meditationen (= Husserliana I). Den Haag, 1963, 2. Auflage, S. 144

41 Sandkühler, S. 408

42 Husserl, Edmund: Die Krisis der europäischen Wissenschaften und die transzendentale Phänomenologie. Eine Einleitung in die phänomenologische Philosophie (= Husserliana

Abgrenzung ist nicht möglich. Zudem dürfte der Versuch einer genauen Standortbestimmung des Eigenen ähnlich schwierig sein wie des Fremden.
Im Gegensatz zu Husserl, der den Anderen als Erweiterung des eigenen Selbst begriff, entzieht sich der Andere bei Emmanuel Levinas einer solchen Aneignung. Der andere Mensch bleibt radikal fremd und andersartig. Vielmehr ist es Levinas zufolge sogar so, dass das Eigene stets der Entfremdung durch den Anderen ausgesetzt ist. Er vertritt damit die radikale Ansicht, dass der andere Mensch der vollständig Andere sei: „L'absolument Autre, c'est Autrui."[43] Mit dieser Aussage erschüttert er die seit Sokrates selbstverständliche Tradition, dass der Andere lediglich einer Art anderem Ich entspreche.[44] Die durch seine strikte Andersheit bedingte Unzugänglichkeit des Anderen hat laut Levinas zur Folge, dass es unmöglich ist, sich der Verantwortung für den anderen Menschen zu entziehen. Darauf gründet seine Ethik.
Die Problematik des Fremden beschreibt Bernhard Waldenfels folgendermaßen: „Die Rede vom Fremden verführt zur Hypokrisie. Man redet von ihm und tut gleichzeitig so, als wüßte man nicht, wovon man redet."[45]
Das Fremde erscheint ambivalent, da es durch sein Eindringen in das Eigene dieses einerseits bedroht, andererseits aber auch fasziniert, ist es doch in der Lage, den Horizont der eigenen Ordnung zu erweitern und damit eine Veränderung herbeizuführen.
In Waldenfels' Denken ist das Fremde von zentraler Bedeutung. Im Mittelpunkt stehen aber nicht die häufig diskutierten Fragen nach der Verkraftbarkeit und der Aufhebung des Fremden. Vielmehr wird das unvermeidliche Fremde, der „Stachel", der sich uns aufdrängt und eine Antwort fordert, bei Waldenfels zur Voraussetzung für das Eigene. Allein im Dialog mit dem Fremden ist es möglich, das Bestehende zu überschreiten. Dieser Dialog ist aber erst möglich, wenn die *klassische* Ordnung, die keinerlei Änderung und Infragestellung ihrer selbst zulässt[46], in eine Vielfalt von Einzelordnungen aufgesplittert wird. Die dadurch ent-

---

VI) Den Haag, 1962, 2. Auflage, S. 111

43 Levinas, Emmanuel: Totalite et infini. Essai sur l'exteriorite, Den Haag, 1961, S. 9

44 Vgl. Taureck, Bernhard: Levinas zur Einführung. Hamburg, 1991, S. 49

45 Waldenfels, 1997, S. 9

46 Vgl. Waldenfels, Bernhard: In den Netzen der Lebenswelt. Frankfurt/Main, 2006, 2. Auflage, S. 80 ff

stehende *moderne* Ordnung ermöglicht in ihrer Wandelbarkeit einen Eingriff des Fremden und damit grundlegende Veränderungen und Neuerungen.

Eine weitere Voraussetzung für den Dialog mit dem Fremden ist die Aufhebung des tradierten Subjektprinzips. Das Subjekt als universale Grundlage muss aufgehoben werden, so wie die klassische Ordnung ihre Zersplitterung in Einzelordnungen erfahren hat. Erst dann kann sich ein konstruktiver Austausch vollziehen, der nicht wie sonst üblich die Vernichtung des Fremden zum Ziel hat.

Nachdem gezeigt wurde, dass Waldenfels einen Dialog mit dem Fremden anstrebt, soll nun geklärt werden, was das Fremde ist.

Bernhard Waldenfels teilt das Fremde in drei Kategorien ein: Fremd ist erstens, was außerhalb des eigenen Bereiches liegt, zweitens, was einem Anderen gehört und drittens, was von fremder Art ist. Das Fremde ist damit in *Ort, Besitz* und *Art* aufgegliedert.[47]

Von diesen drei Aspekten ist der örtliche am zentralsten, weshalb Waldenfels auch eine *Topographie* des Fremden entwirft. Somit wird das Fremde konkret bestimmbar und bleibt nicht als Noch-Nicht oder Nicht-Mehr defizitär. In Anlehnung an Merleau-Ponty ist das Fremde „nicht einfach anderswo, es *ist* das Anderswo“[48], ein Nicht-Ort, der Waldenfels zufolge mit dem Vergangenen vergleichbar ist, das sich nie in seiner Ursprünglichkeit offenbart, sondern erst in seinen Nachwirkungen.[49]

Zu unterscheiden ist das Fremde jedoch vom Anderen. Waldenfels wehrt sich gegen eine Gleichsetzung dieser Begriffe, da eine Bestimmung des Fremden als *Anderes* zu weit sei:[50]

> „Fremdes ist nicht einfach Anderes [...] Wenn wir zwischen Apfel und Birne oder zwischen Bett und Tisch unterscheiden, so werden wir schwerlich behaupten, daß all dies einander fremd ist.“[51]

Maßgeblich für die Fremdheit ist ihr relationaler Charakter, der nicht mehr gewährleistet ist, wenn etwas radikal anders ist.

---

47 Vgl. Waldenfels, 1997, S. 20

48 Ebda., 1997, S. 26

49 Vgl. Waldenfels, Bernhard: Grenzen der Normalisierung. Frankfurt/Main, 1998, S. 84

50 Vgl. Waldenfels, Bernhard: Erfahrung des Fremden in Husserls Phänomenologie. In: Orth, Ernst Wolfgang (Hg.): Profile der Phänomenologie, Bd. 22, Freiburg 1989, S. 42 ff

51 Waldenfels, 1997, S. 20f.

Trotz aller Genauigkeit verwendet Waldenfels die Begriffe allerdings oft selbst synonym. Die Ausdrücke „Andersheit des Ich“[52] und „Fremdes in uns selbst“[53] werden beispielsweise im gleichen Zusammenhang gebraucht.

52 Waldenfels, Bernhard: Der Stachel des Fremden. Frankfurt/Main, 1990, S. 53

53 Waldenfels, 1997, S. 27

4 Poetologische Voraussetzungen

Bevor die einzelnen Aspekte der Fremdheit im Werk Müllers einer Analyse unterzogen werden, erscheint es mir sinnvoll, zunächst auf ihre ästhetische Grundhaltung einzugehen, da diese bereits von Fremdeinflüssen geprägt ist und die literarische Bearbeitung der Fremdheit in der für Herta Müller charakteristischen Weise erst ermöglicht. In ihren literarisch stark durchformten Essays äußert sie sich selbst explizit zu ihrer Ästhetik. Deshalb werde ich vor allem die auf ihren eigenen Aussagen basierenden poetologischen Grundlagen skizzieren.

4.1 Autobiographisches Schreiben vs. Autofiktionalität

Im Zuge der Rezeption der Romane und Erzählungen Herta Müllers wird häufig die Frage aufgeworfen, ob es in ihrem Werk poetologische Aspekte gibt, die Aufschlüsse über die Selbstverortung ihres Schreibens geben können. Bedeutsam ist in diesem Zusammenhang vor allem das Verhältnis zwischen eigenem Erleben und literarischer Darstellung.

Es fällt auf, dass Herta Müllers Texte häufig autobiographische Züge zu tragen scheinen. Zahlreiche biographische Parallelen sind offensichtlich. So beschreibt Müller in ihrem 1994 erschienenen Roman *Herztier* eine Figur, die aus einem banatschwäbischen Dorf stammt und in der Provinzhauptstadt studiert. Herta Müllers Herkunft aus dem dörflichen Milieu der Banater Schwaben und ihr Germanistikstudium in Temeswar legen eine Anlehnung an die eigene Biographie nahe. Auch die Beschreibung der familiären Verhältnisse sowie die Aufarbeitung der SS-Vergangenheit des Vaters lassen autobiographische Bezüge vermuten. Meist stellte Herta Müller in Essays und Interviews selbst eine Annäherung zwischen ihrem Werk und ihrer eigenen Vergangenheit her. In einem Gespräch, das Müller kurz nach dem Erscheinen von *Herztier* mit Elisabeth Kroeger-Groth führte, äußert sie sich zu ihrem neuen Buch folgendermaßen:

> „[E]s ist ein sehr persönliches Buch. Das kann nur erkennen, wer mit mir seinerzeit zusammengelebt hat, und auch der erkennt nur gewisse Züge."[54]

[54] Kroeger-Groth, Elisabeth: „Der Brunnen ist kein Fenster und kein Spiegel" oder Wie

Drei Jahre später sprach Müller mit Beverly Driver Eddy ausführlich über autobiographische Bezüge in *Herztier*:

> „Na ja, und da geht es mir auch immer um Personen, die es wirklich gegeben hat, die man nicht erkennt, wenn man es nicht weiß, aber wenn man es weiß, erkennt man Splitter. Es war im vorletzten Buch [Herztier] auch so. Weil meine beste Freundin sehr jung gestorben ist, und weil sie mich vorher verraten hat, und weil ich sie verachten mußte und nicht aufhören konnte, sie zu lieben. Und – das ist vielleicht heute genauso, darum muß ich mir sie immer erfinden. Nicht sie selbst, aber alles um sie herum. Das mit der Kirsche ist zum Beispiel real, sie wurde so genannt von ihrem Geliebten. Sie liebte nicht alte Männer, aber sie wurde Kirsche genannt. Solche Winzigkeiten, das macht die Spannung und den Sinn aus, und mit diesen realen Dingen fiktiv zu arbeiten. Was man mit dieser Kirsche dann alles machen kann, wo die Frau in der Straßenbahn plötzlich Kirschen ißt und daß dann dieser Klatschmohn kirschrot ist, als sie erschossen wird – wie sich dann Sachen verbinden, das ist das Überraschende, das mir die Kraft gibt, schreibend an sie zu denken."[55]

Herta Müller stellt hier eindeutige Bezüge zwischen einer real existierenden Freundin und der Figur Tereza aus dem Roman *Herztier* her. Das Schreiben wird so zu einer Möglichkeit, selbst Erlebtes zu bewältigen und Impulse aus dem eigenen Leben schöpferisch zu nutzen.

In dem Essay *Wie Wahrnehmung sich erfindet* definiert Müller die Rolle des Autobiographischen für ihr Erzählen mit folgenden Worten:

> „Autobiographisches, selbst Erlebtes. Ja, es ist wichtig. Aus dem, was man erlebt hat, sucht sich der Zeigefinger im Kopf auch beim Schreiben die Wahrnehmung aus, die sich erfindet. Äußere Umgebung prägt." (TS 20)

Nichtsdestotrotz kann kein kruder Biographismus unterstellt werden. Diese Sichtweise wäre zu eindimensional und würde wichtige Aspekte ihres Werkes unterschlagen. An mehreren Stellen erteilt die Autorin selbst eine klare Absage an die Gleichsetzung ihrer konkreten Lebenswelt mit ihrem Schreiben[56]:

Wahrnehmung sich erfindet. Ein Gespräch mit Herta Müller. In: Diskussion Deutsch, 26, 1995, H. 143, S. 223-230, hier S. 230

55 Eddy, Beverly Driver: „Die Schule der Angst". Gespräch mit Herta Müller, den 14. April 1998. In: The German Quarterly, 72, 1999, H. 4, S. 329-340, hier S. 333

56 vgl. u.a. Doppler, Bernhard: Die Heimat ist das Exil. Eine Entwicklungsgestalt ohne Entwicklung. Zu „*Reisende auf einem Bein*". In: Eke, Norbert Otto (Hg.): Die erfundene Wahrnehmung. Annäherung an Herta Müller. Paderborn, 1991, S. 95-106, hier S. 97

„Als ich noch in Rumänien lebte, kamen oft Freunde, aber auch Fremde zu Besuch. Ich lebte in einem schiefen, grauen Wohnblock aus Betonfertigteilen, am Rand der Stadt. Sie aber wollten das Dorf sehen, aus dem ich kam. Sie sagten mir auch weshalb: sie hatten meine Texte über das Dorf gelesen. Das war mir lästig, da ich wusste, sie wollten nicht das Dorf sehen, aus dem ich kam. Sie wollten in dem Dorf die ‚Niederungen' sehen. [...] Und der Blick des Besuchers war irritiert. [...] Später hab ich mich geweigert, mit den Neugierigen in dieses Dorf zu fahren. Das Dorf gibt es nur in den ‚Niederungen'." (TS 16f.)

Im Rahmen ihrer Bonner Poetikvorlesungen, die in dem Band *In der Falle*[57] veröffentlicht wurden, erwähnt Müller den von Georges-Arthur Goldschmidt geprägten Begriff der Autofiktionalität.

„Es ist seltsam mit der Erinnerung. Am seltsamsten mit der eigenen. Sie versucht, was gewesen ist, so genau wie nur möglich zu rekonstruieren, aber mit der Genauigkeit der Tatsachen hat dies nichts zu tun. Die Wahrheit der geschriebenen Erinnerung muß erfunden werden, schreibt Jorge Semprun. Und Georges-Arthur Goldschmidt nennt seine Bücher *autofiktional*." (IF 21)

Mit diesem ästhetischen Konzept, das die erinnerte Wahrheit als literarisch erfundene deutet, kann sich auch Herta Müller identifizieren.[58] Sie selbst setzt der vereinfachenden autobiographischen Lesart deshalb einen ähnlichen poetischen Entwurf entgegen, den sie als die *erfundene Wahrnehmung* bezeichnet.

4.2 Die erfundene Wahrnehmung und der ganz andere Diskurs des Alleinseins

„Die Wahrheit der geschriebenen Erinnerung muß erfunden werden", (IF 21) zitiert Müller Jorge Semprun. Die erinnerte Wahrheit ist also eine andere als „die Tatsachen von damals" (IF 21).

In *Der Teufel sitzt im Spiegel* schreibt Müller deshalb wie bereits erwähnt: „Das Dorf [der Niederungen] gibt es nur in den ‚Niederungen'." (TS 17)

---

57 Müller, Herta: In der Falle. Bonner Poetik-Vorlesung. Göttingen, 1996

58 Vgl. Köhnen, Ralph: Terror und Spiel. Der autofiktionale Impuls in frühen Texten Herta Müllers. In: Arnold, Heinz Ludwig (Hg.): Herta Müller. TEXT + Kritik. Zeitschrift für Literatur, München, 2002, H. 155, S. 18-29, hier S. 18 ff

Das geschilderte Dorf stellt also eine Kunstwelt dar, die die Wirklichkeit zwar zum Ausgangspunkt hat, durch die subjektive Wahrnehmung allerdings in poetische Bilder übersetzt und somit zum Entwurf einer eigenen Welt wird.
Den Zusammenhang zwischen eigenem Erleben und Poesie beschreibt Herta Müller in ihrem Essay *Wie Erfundenes sich im Rückblick wahrnimmt* folgendermaßen:

> „Auch wenn ich Wahrnehmung beschreibe, muß ich die Spanne von dieser Wahrnehmung zur erfundenen Wahrnehmung vollziehen. Ich muß die poetische Abweichung ins Unmaß an jeden Punkt der Erfahrung, die ich jemals gemacht habe, ansetzen. So kommt es, daß selbst Autobiographisches, Eigenes im engsten Sinne des Wortes, nur noch vermittelt, nur noch im weitesten Sinne des Wortes mit meiner Autobiographie zu tun hat. Schon aus dem einfachen Grund, daß ich selber nur noch vermittelt mit mir zu tun habe, wenn ich über mich schreibe." (TS 43)

Die Strategie der Wahrnehmungserfindung ist für Müller die einzige Option, ihre Umgebung zu beeinflussen. Davon wird sie zwar „nicht erträglicher, sie wurde bedrohlicher. Doch hatte mindestens dieser Zusatz mit mir selber etwas zu tun". (TS 29) Die erfundene Wahrnehmung dient also nicht dazu, sich den bedrückenden Verhältnissen zu entziehen. Vielmehr trägt sie dazu bei, Überwachung und Angst zu ertragen. Sie wird überhaupt erst durch die Angst möglich, denn das Beispiel der auf einem Heiligenbild der Großeltern abgebildeten Steine, die das Kind als überreife, giftige Gurken wahrnimmt, zeigt, dass die Wahrnehmung sich im Lauf der Jahre verändern kann. Während das Kind die „Gurken" fürchtete und sogar gegen die Bedrohung der Gurken betete, kann die erwachsene Frau darin nur noch die Steine erkennen (vgl. TS 11f.).
Die Welt der erfundenen Wahrnehmung konstituiert sich aus derartigen Bildern. Diese Bilder der Angst werden nicht einfach umschreibend in Worte verwandelt, sondern bewahren ihre Bildlichkeit, denn

> „[i]ch glaube, die erfundene Wahrnehmung verläßt sich in ihrer Ganzheit auf Bilder. Ich glaube auch, dass die erfundene Wahrnehmung Worte gar nicht mag. Daß es deshalb so lange dauert, bis ich weiß, wie der Satz, den ich schreibe, sich selber sieht." (TS 84)

Damit folgt die Bildersprache Herta Müllers dem „mystischen Impuls, die Dinge selber reden zu lassen"[59]. Ähnlich wie in der Romantik, findet eine Zusammen-

---

[59] Apel, Friedmar: Schreiben, Trennen. Zur Poetik des eigensinnigen Blicks bei Herta Müller.

führung von Innenwelt und Außenwelt statt. Äußere Einflüsse bewirken ein inneres Erleben, das viel stärker wahrgenommen wird als die außerweltliche Wirklichkeit:

> „Ich merke an mir, daß nicht das am stärksten im Gedächtnis bleibt, was außen war, was man Fakten nennt. Stärker, weil wieder erlebbar im Gedächtnis, ist das, was auch damals im Kopf stand, das, was von innen kam, angesichts des Äußeren, der Fakten." (TS 10)

Die kindliche Perspektive der frühen Erzählungen unterstreicht diese Verschränkung von Innen und Außen noch zusätzlich, denn das Kind ist noch nicht in der Lage, eindeutig zwischen Wahrnehmung und Wahrgenommenem zu unterscheiden:[60]

> „Ich war eine schöne sumpfige Landschaft. Ich legte mich ins hohe Gras und ließ mich in die Erde rinnen. Ich wartete, daß die großen Weiden zu mir über den Fluß kommen, daß sie ihre Zweige in mich schlagen und ihre Blätter in mich streuen. Ich wartete, daß sie sagen: Du bist der schönste Sumpf der Welt, wir kommen alle zu dir." (N 78)

Zudem lässt der kindliche Blick „die Realität ins Fiktive ausufern".[61] Das Kind geht in der Natur auf und wünscht sich, dass die Natur auch in ihm aufginge („wir kommen alle zu dir"). Dieses Verschmelzen mit der Landschaft beruht auf Gegenseitigkeit und nicht auf Unterordnung des kindlichen Individuums, wie dies von der Dorfgemeinschaft gefordert wird.

Voraussetzung und Folge der Wahrnehmungserfindung ist der *eigensinnige Blick*. Er ist gegen jegliche sozial verordnete Wahrnehmung gerichtet und strebt eine möglichst authentische Wahrnehmung an. Damit bedeutet er eine große Gefahr für die statischen Machtgefüge im banatschwäbischen Dorf und im totalitären Staat.

Eine weitere Möglichkeit, dem dörflichen Identitätszwang und dem Auge der Macht standhalten und das Leben ertragen zu können, sieht Herta Müller im *Diskurs des Alleinseins*:

In: Eke, 1991, S. 22-31, hier S. 28

60 Becker, Claudia: ‚Serapiontisches Prinzip' in politischer Manier. - Wirklichkeits- und Sprachbilder in „Niederungen". In: Eke, 1991, S. 32-41, hier S. 33

61 Brodbeck, Nina: Schreckensbilder. Zum Angstbegriff im Werk Herta Müllers. Unveröffentlichte Dissertation, Marburg, 2000, S. 15

> „Und, wo Entwürdigung die Lebensweise ist, wird viel allein geredet. Und wo der Spiegel verboten ist, wo der Teufel im Spiegel sitzt, wird der Diskurs des Alleinseins zum Spiegel. Stumme Gedanken reichen da nicht, da es nichts gibt, was sie beweisen könnten. [...] Aus all diesen Gründen, auch aus meinen eigenen Gründen, wurde für mich das Laut-mit-sich-selbst Reden zum Diskurs, zum Diskurs des Alleinseins." (TS 58f.)

In der Öffentlichkeit laut mit sich selbst zu reden, ist nicht möglich, denn es entspricht nicht der Norm. Nur der Irre wagt es, „mitten im Dorf" (TS 59) Selbstgespräche zu führen. Alle anderen tun es versteckt. Auch die Großmutter, die ein fiktives Gespräch mit ihrem Mann führt, „weil sie nur dann bis ans Ende ihres Bedürfnisses nach Würde reden" (TS 60) darf. Wäre der Großvater anwesend, könnte das Gespräch so niemals stattfinden. Die Enkelin beobachtet das Selbstgespräch der Großmutter verbotenerweise durch das Schlüsselloch und muss sich, nachdem sie sich durch ein Geräusch verraten hat, rasch eine Lüge zurechtlegen, um ihre Anwesenheit zu rechtfertigen.

Der „bis zur letzten Konsequenz geführte Diskurs des Alleinseins" (TS 62) ist der Traum. In ihm leistet jeder „die unfreiwillige Arbeit der Existenz". (TS 62) Im Traum offenbaren sich existenzielle Erfahrungen, die im wachen Zustand unterdrückt werden können. Freud sieht im Traum „ein vollgültiges psychisches Phänomen, und zwar eine Wunscherfüllung"[62] und unterscheidet zwischen dem *latenten* Traum, d.h. dem Traumgedanken, der im Es vorhanden ist und sich im Träumen darstellen möchte, und dem *manifesten* Traum, dem Trauminhalt, der durch die Einwirkung der Ich-Zensur entstellt wird und den der Träumende erinnern und damit auch erzählen kann. Den Prozess, der den Traumgedanken in akustische und visuelle Bilder überführt, bezeichnet Freud als *Traumarbeit.*[63] Die Umkehrung dieses Vorgangs wird in der *Traumdeutung* geleistet. Herta Müller erachtet den Traum als Notwendigkeit, und sie geht sogar so weit zu konstatieren, dass sie „[o]hne die Dimension des Traumes [...] nicht ausgekommen" (TS 62) wäre. Der Traum als Bewältigungsmöglichkeit einer streng normierten Lebenswirklichkeit hat „den Rhythmus des Geschehens des Tages". (TS 64) Traumbilder sind die Fortsetzung dessen, was sich am Tag ereignete.[64] Nachdem das Kind in der Erzählung *Niederungen* miterleben muss, wie einem Kalb zu-

62 Freud, Sigmund: Die Traumdeutung. In: GW II, Frankfurt/Main, 1981, 6. Auflage, S. 141

63 Vgl. ebda., S. 280

64 Freud bezeichnete Erlebnisse vom Vortag als *Tagesreste*, vgl. Freud, 1981, S. 546

nächst vorsätzlich das Bein gebrochen und es schließlich förmlich hingerichtet wird, trägt es die traumatischen Bilder des Tages in den Traum hinein:

> „Jeden Abend trug ich den Bettvorleger hinaus, weil ich nachts alle seine Haare spürte in meinem Hals. Ich träumte, daß ich das Fell mit Messer und Gabel essen mußte, daß ich aß und erbrach und weiteressen musste und noch mehr Haare erbrach, und Onkel sagte, du mußt alles essen, oder du mußt sterben. Als ich im Sterben lag, wachte ich auf. In der nächsten Nacht zwang mich Vater, auf dem Kalb zu reiten. Über eine Wiese trieb er uns. Die Blumen standen dicht und hoch. Wir waren mitten in der Wiese drin, da brach dem Kalb das Rückgrat unter mir. Ich wollte absteigen. Vater schrie jedoch und trieb mich weiter durch alle Wiesen der ganzen Umgebung, und es waren so viele, daß sie nicht mehr aufhören wollten. Vater trieb uns durch den Fluß, Vater johlte, und wir ritten hinter unserem Echo her durch den Wald. Das Kalb keuchte und rannte in seiner Todesangst mit dem Kopf in einen Baum. Es floß Blut aus seinen Nüstern. Ich hatte Blut auf den Zehen, auf den schönen Sommerschuhen, auf dem Kleid. Unter mir war die Erde voller Blut, als das Kalb zusammenbrach. Mutter knipste das Licht an und sagte guten Morgen und legte den rotgefleckten Kalbfellteppich vor mein Bett." (N 58f.)

Die verstörenden Erlebnisse des Tages tauchen in veränderter Form im Traum wieder auf. Im Vordergrund steht der Zwang, der von männlichen Verwandten (Onkel und Vater) ausgeht. Dabei erweist sich der am Tag durchlebte Schrecken in der Nacht als Bedrohung des eigenen Lebens: „Als ich im Sterben lag, wachte ich auf." Der Angsttraum endet mit dem Erwachen.[65] In der folgenden Nacht träumt das Kind erneut von dem geschlachteten Kalb. Diesmal erlebt es sich selbst als Täter, denn unter seinem Gewicht bricht das Rückgrat des Kalbes. Der Vater verbietet das vorzeitige Ende der Folter, indem er das Kind dazu zwingt, das Tier vollkommen zu Grunde zu richten. Die Traumsequenz endet mit dem blutigen Ende des Kalbes, so wie in der Realität. Die Mutter bringt schließlich auch noch das am Vorabend aus dem Zimmer entfernte Kalbfell zurück und lässt die Erinnerung an das „rotgefleckte [...]" Tier damit erneut aufleben.

Im Erwachsenenalter ist der Diskurs des Alleinseins sogar überlebenswichtig, ist man damit doch in der Lage, das Auge der Macht zu täuschen. Vor Verhören beim Geheimdienst versucht Herta Müller mit halblauter Stimme ein Gespräch einzuüben, in dem sie die „Sätze verdreht und verwandelt" (TS 66), so dass sie schlimmere Konsequenzen verhindern kann. Der Diskurs des Alleinseins wird

65 Vgl. Freud, 1981, S. 546-558

auch dazu verwendet, den öffentlichen Widerstand zu kompensieren und „sich einsam ins Recht zu setzen". (TS 65)

Der Diskurs des Alleinseins bedeutet ein kleines Stück Freiheit innerhalb der auf Unterdrückung aufgebauten Systeme. Er wird allerdings zum Selbstbetrug, wenn die ausgesprochenen Wahrheiten ungehört verhallen.

Schreibt man den Diskurs des Alleinseins auf, und überführt das Selbstgespräch damit ins Ästhetische, so wird er zum „ganz anderen Diskurs des Alleinseins" (TS 57 ff). Der Unterschied ist ähnlich geartet wie jener zwischen der Wahrnehmung und der erfundenen Wahrnehmung, zwischen Leben und Schreiben. „[L]eben, wenn die Person, die schreibt, erreichbar ist für sich, schreiben, wenn die Person, die schreibt, für sich selber nicht erreichbar ist." (TS 67) Herta Müller unternimmt den Versuch, im verschriftlichten Diskurs des Alleinseins den „Diskurs des Alleinseins zu zweit" (TS 68) zu finden. Gespräche in ihren Texten sind deshalb meist auch keine Gespräche im Sinne eines Dialogs, denn es bleibt stets eine Entfernung zwischen den beiden laut geführten Selbstgesprächen. Daraus ergibt sich ein „doppelter Schmerz" (TS 70). Zunächst jener, der sich „aus dem Reduzieren der sprechenden Person auf den Satz" (TS 70) ergibt, und ein zweiter, der von der anderen Person empfundene, da diese lediglich zwei Möglichkeiten hat, auf das von der sprechenden Person Ausgesagte zu reagieren:

> „[D]en Satz liegenlassen, ohne ihn zu beachten, um sich weiter selber zu beachten. Oder: den Satz aufnehmen, und ihn so verzerren, bis er fadenscheinig ist. Um sich mit dem Satz der anderen Person selbst zu beachten. Sich selbst beachten heißt aber schon: sich selbst weh tun. Es ist ein Schlagabtausch des Schmerzes, wenn die Aussagen zusammenfinden. Und es ist ein Zerbrechen jenseits der Erreichbarkeit, wenn die Aussagen nicht zusammenfinden. Die Aussichtslosigkeit ist das einzige, was übrig bleibt aus dem Gespräch." (TS 70)

Der *ganz andere Diskurs des Alleinseins* birgt also eine schmerzhafte Erfahrung, schafft aber auch ein konstruktives Spannungsverhältnis zwischen Sprache und Schweigen. Entscheidend ist oft nicht der semantische Gehalt der Aussagen, sondern das Verschwiegene, das ausgespart bleibt:

> „Der geschriebene Satz ist ein nachweisbarer Satz zwischen vielen verschwiegenen Sätzen. Nur seine Nachweisbarkeit unterscheidet ihn von den verschwiegenen Sätzen. [...] Er ist nicht wichtiger. [...] Der geschriebene Satz muß behutsam mit dem verschwiegenen Satz umgehen. Der verschwiegene (ausgelassene) Satz muß mit der gleichen Lautstärke sprechen wie der geschriebene Satz. Wenn der geschriebene Satz lau-

ter ist als der verschwiegene Satz, ist er schon schrill. Er will den verschwiegenen Satz verdecken. Doch er wird dadurch schrill, daß er daran zerbricht. Seine Lautstärke ist Fälschung. [...] Nur wenn der geschriebene Satz seine Wahrheit hält, nur wenn er behutsam mit dem verschwiegenen Satz umgeht, kann er den nächsten Satz erfinden." (TS 36)

Müller räumt dem Schweigen und der Auslassung immer wieder eine wichtige Rolle ein. In der Diktatur war die Nachweisbarkeit eines Satzes gefährlich, weshalb Kernaussagen häufig nur „zwischen den Zeilen" zum Ausdruck gebracht werden konnten.

4.3 Der fremde Blick

Der fremde Blick ist sowohl ein Kennzeichen von Herta Müllers Schreiben als auch eine tatsächliche Sichtweise, auf die die Autorin an mehreren Stellen ihres Werkes verweist.
1999 erschien *Der Fremde Blick oder das Leben ist ein Furz in der Laterne*. In diesem Text charakterisiert Herta Müller den verformten Blick, der als der *Fremde Blick* bezeichnet wird. Interessant ist die Schreibweise. *Der Fremde Blick* ist als *Blick der Fremde* (Genitivform) oder als der *fremde* (Adjektivform) *Blick* interpretierbar. Nicht nur das Subjekt blickt auf fremde Art und Weise, möglicherweise wird es auch von der Fremde angeblickt.
Gleich zu Beginn des Textes greift die Autorin ein Missverständnis auf, mit dem sie sich eigenen Aussagen zufolge in Deutschland häufig konfrontiert sieht: „Ein fremdes Auge kommt in ein fremdes Land." (FB 5)
Darin ist die Ursache des fremden Blickes allerdings nicht zu suchen. Der fremde Blick ist „mitgebracht aus dem Land, wo ich herkomme und alles kannte". (FB 5)
Im Alltag ihres Herkunftslandes Rumänien ist er entstanden:

„Allmählich, still, gnadenlos in den vertrauten Straßen, Wänden und Gegenständen. Die wichtigen Schatten streifen herum und besetzen. Und man folgt ihnen mit einem Sensorium, das immerzu flackert und einen von innen verbrennt."(FB 11)

Der fremde Blick ist eine Folge der Verfolgung und der Überwachung im totalitären Staat. Nachdem der Geheimdienst öfter in ihre Wohnung eingedrungen war, versuchte Müller, sich ihre vertraute Umgebung durch Kontrollgänge vertraut zu halten. Stattdessen wurde sie ihr aber immer fremder (vgl. FB 9).

Fremdheit wird also nicht mit dem Unbekannten assoziiert, sondern vor allem mit dem Bekannten:

> „Fremd ist für mich nicht das Gegenteil von bekannt, sondern das Gegenteil von vertraut. Unbekanntes muss nicht fremd sein, aber Bekanntes kann fremd werden." (FB 11)

Das Unheimliche nach Freud ist ein Teil in uns, der uns zwar bekannt ist, allerdings aus dem Bewusstsein verdrängt wird.
Wenn diese verdrängten Anteile aus dem Unbewussten auftauchen, wirken sie verstörend und rufen auf diese Art und Weise den fremden Blick hervor.
Im neuen Land fällt der „verformte [...] Blick" zwischen den „intakten Blicken" auf:

> „Intakte Leute spüren diesen Blick sehr schnell. Sie glauben, dieser Blick entstehe jetzt und halten sich und ihre Umgebung als Ursache für dieses Geschau. In Bezug auf diesen Blick habe ich von intakten Leuten schon öfter das Wort ‚aufmüpfig' gehört. Daß ich mich mit diesem ‚aufmüpfigen' Blick nicht wundern soll, daß mich der Überwachungsstaat schlecht behandelt hat. Diese Bemerkung unterstellt, ich hätte die Diktatur zu meiner Verfolgung gezwungen, und nicht sie mich zu diesem Blick." (FB 18)

Die Gegenüberstellung von „intakt" und „verformt" kann bei Müller häufig beobachtet werden. Bereits früh stellt sie sich selbst und ihr Umfeld als „Beschädigte" vor. Dies wird beispielsweise in der kurzen Erzählung *Meine Familie* (N 15f.) klar. Vor allem die späteren Texte verweisen auf beschädigte Charaktere. Fast immer handelt es sich dabei um Opfer der dörflichen Konformität oder der Diktatur, die sich von den anerzogenen Mechanismen nicht mehr frei machen können. Ein solcher Mechanismus ist auch der fremde Blick. Nach den langjährigen Erfahrungen in einem totalitären Staat kann er nicht mehr abgelegt werden:

> „Kaum geschaut, ist die Deutung eingebaut. [...] Der Fremde Blick geht angriffslustig auf Verteidigung, die überhaupt nicht nötig ist. Er braucht die gewohnte Angst und ständige Gereiztheit in kurzen Takten, lädt sich an seinem zufälligen Gegenüber auf, bedient sich an unbeteiligten Personen. In diese projiziert er das Böswillige hinein, damit er sich als Antwort darauf wehren kann:
> Gleichgültigkeit, Kälte, Tücke. Und wenn das Gegenüber freundlich ist, unterstellt er Heuchelei. Man kann es dem Fremden Blick nicht Recht machen, denn er verwechselt Unbeteiligte mit seinem mitgebrachten Leben, er bleibt beleidigt und neigt zur Selbstgerechtigkeit." (FB 19)

Diese Provokation, die vom fremden Blick ausgeht, wurde Herta Müller in Deutschland bisweilen zum Vorwurf gemacht.[66] In einem Gespräch mit Beverley Driver Eddy beschreibt Herta Müller den Zusammenhang zwischen Blick und Angst folgendermaßen:

> „Der Blick fällt auf etwas, und es ist im Auge, und im nächsten Augenblick ist es was anderes. Es bewegt sich in sich, stürzt in eine andere Form. [...] Wenn man so lange Lebensangst hatte, oder Todesangst - es ist ja dasselbe, seltsamerweise - die Angst ist der unheimliche Meister der Wahrnehmung. Wenn man Ängste eingeübt hat, weil einem nichts anderes übrigblieb, weil man damit leben mußte, gehen sie nicht mehr weg."[67]

In *Hunger und Seide* wird der fremde Blick ebenfalls beschrieben; als „unsichtbares Gepäck" und „HINTERSINN des zurückliegenden Landes". (HS 31) Diese mitgebrachte Sichtweise prägt Müllers Blick auf den Westen und begründet abweichende Erfahrungsmuster.[68]

---

66 Der *fremde Blick* auf die Lebenswirklichkeit in der Bundesrepublik, der die Wahrnehmungsperspektive in *Reisende auf einem Bein* ausmacht, wurde von einem anonymen Kritiker in der Berliner Hochschulzeitung *Unisono* stark angegriffen: „In Metaphern erstickend [versucht die Autorin] ihrer inneren diffusen Zerrissenheit Ausdruck zu verleihen. Nichtigkeiten werden dramatisiert und mystifiziert." Vgl.: Anonym: Reise ohne Zukunft. In: Unisono, 1, 1989. Zitiert nach: Eke, 1991, S. 124f.

67 Eddy, S. 332

68 Vgl. Bozzi, Paola: Der fremde Blick. Zum Werk Herta Müllers. Würzburg, 2005, S. 32

5 Fremdheit und Sprache

Im folgenden Abschnitt soll erörtert werden, wie Herta Müller ihre Poetik in sprachlicher Hinsicht realisiert. Von besonderer Bedeutung sind in diesem Zusammenhang vor allem die beiden Strukturprinzipien „Metaphorizität und Parataxis“[69], die Müllers Stil charakterisieren, und die unterschiedlichen sprachlichen Einflüsse, die konstitutiv für ihr Schreiben sind.

Diglossie, Mehrsprachigkeit und der Sprachgebrauch der Banater Schwaben prägten ihre Texte nachhaltig. Im Wesentlichen gilt es, zwischen drei Sprachwelten zu unterscheiden, denen die banatschwäbische Autorin angehörte. Müller selbst differenziert zwischen ihrer „Muttersprache“ (H 55), die sowohl „Kinderbettsprache“ (H 35) als auch - wie das Hochdeutsche - „harte deutsche Quittensprache“ (H 198) sein konnte, und der „Staatssprache“ (H 55), die einerseits die Landessprache, andererseits die Sprache der Diktatur war.

Damit greift sie drei unterschiedliche Sprachen auf: Die Sprache der Banater Schwaben, Hochdeutsch und Rumänisch. Welche Bedeutung diese Sprachen für ihr Schreiben hatten, soll im ersten Teil des folgenden Kapitels geklärt werden. Der ordnungsstiftende Charakter, der den Sprecher einer bestimmten Sprache als Angehörigen einer Gruppe kennzeichnet und ihn außerhalb dieser Bezugsgruppe als Fremden markiert, wird dabei besonders betont.

Ein weiterer Aspekt ergibt sich auf einer sprachlichen Metaebene, die sich mit den narrativen Eigenheiten der Literatur Herta Müllers befasst.

Aus der intensiven Bildhaftigkeit und Sprachgewalt ihrer Texte erwächst nicht selten eine gewisse Irritation. Zugleich geht von ihnen eine Faszination aus, die nicht so sehr auf die inhaltliche Ebene zurückzuführen ist, sondern durch die sprachlichen Besonderheiten ausgelöst wird.

Insbesondere surrealistisch anmutende Elemente und das Überschreiten und Verwischen der Sprachgrenzen wirken befremdlich. Herta Müllers Wunsch „das

---

69 Roberg, Thomas: Bildlichkeit und verschwiegener Sinn in Herta Müllers Erzählung *Der Mensch ist ein großer Fasan auf der Welt*. In: Köhnen, Ralph (Hg.): Der Druck der Erfahrung treibt die Sprache in die Dichtung. Bildlichkeit in Texten Herta Müllers. Frankfurt/Main, 1997, S. 27-42, hier S. 32

Gedärm unter der Oberfläche" (TS 17), das Verdrängte, Verborgene zu Tage zu fördern, findet in ihrer Sprache einen intensiven Niederschlag.

5.1 Muttersprache und Landessprache

Die Muttersprache Herta Müllers ist die Sprache der im Westen Rumäniens angesiedelten Banater Schwaben. Diese deutschsprachige Minderheit pflegt eine „Sprachmischung aus Dialekt und Hochsprache, die sich zu einem eigenständigen Idiom vereinigte"[70] und sich damit erheblich von der deutschen Hochsprache unterscheidet. Das Sprachverhalten der Intellektuellen wie Lehrer, Pfarrer und Schriftsteller ist stark von der deutschen Literatursprache beeinflusst. Gegenwartssprachliche Entwicklungen, die die bundesdeutsche Sprache sehr stark prägen, wurden aufgrund der peripheren Lage der deutschsprachigen Gebiete in Rumänien von den Banater Schwaben und den Siebenbürger Sachsen nicht mitgemacht. Deshalb löst das von der rumäniendeutschen Minderheit im Sinne einer Hochsprache verwendete Idiom in der Bundesrepublik Befremden aus und kennzeichnet den Sprecher als Fremden.
Da die Deutschen auch in Rumänien eine Minderheit bildeten, wurden sie aufgrund ihrer Sprache auch in ihrem Herkunftsland marginalisiert. Der Hauptmann Pjele äußert während eines Verhörs Edgar und Georg gegenüber:

> „Unsere Kunst macht das Volk sich selber, dazu braucht unser Land keine Handvoll Asozialer. Wenn ihr deutsch schreibt, geht doch nach Deutschland, vielleicht fühlt ihr euch dort zu Hause im Morast." (H 197)

In Rumänien brandmarkte sie die deutsche Muttersprache als Außenseiterin, in Deutschland steht sie aufgrund des banatschwäbischen Dialekts und ihrer rumänischen Herkunft ebenfalls im Abseits.
Herta Müller beschreibt in dem Essay *Bei uns in Deutschland* (K 176-185) eine für sie demütigende Situation, in der ihre Herkunft aus Rumänien und ihr Dialekt sie auch noch nach vielen in Deutschland verbrachten Jahren als ausländische Außenseiterin markieren:

---

70 Wagner, Carmen: Sprache und Identität. Literaturwissenschaftliche und fachdidaktische Aspekte der Prosa Herta Müllers. Oldenburg, 2002, S. 35

„Wie viele Sätze fangen seit nun zwölf Jahren mit den Worten an: ‚Bei uns in Deutschland...' Ich möchte am liebsten in die Defensive gehen, reiße mich dann zusammen und sage: ‚Ich bin doch auch hier bei Ihnen.' Nach ungläubigem, vergrößertem Blick wiederholt man mir dann in scheinbarer Zurücknahme: ‚Aber hier in Deutschland sagt man nicht Bretzel, sondern Breezel. Das erste E dehnen, das zweite E schlucken, verstehen Sie? Ist ja nicht so wichtig, aber jetzt wissen Sie es. [...] Alles klar?' Ich nicke und übertreffe die Erwartungen, indem ich sage: ‚Laugenbrezel.' Und der Verkäufer sagt: ‚Toll.'" (K 180)

Der belehrende Ton des Verkäufers ist vielleicht freundlich gemeint, wirkt aber zutiefst beschämend, zumal ähnliche Situationen immer wiederkehren. Die Bemerkungen des Verkäufers führen dazu, dass Müller sich wie eine Geistesschwache, wie „der Trottel des Tages" (K 179) fühlt.

Sowohl in den Erzählungen als auch in den Romanen *Herztier* und *Reisende auf einem Bein* sehen sich die Protagonisten mit Problemen konfrontiert, die sich aus der sprachlichen Situation ergeben.

Alfred Schütz' wissenssoziologischer Ansatz sieht vor, dass das Problem des Fremden ein Problem des Verstehens ist. Die Wissensordnungen der Gruppe und des Fremden kollidieren, weil kein gemeinsamer Wissenshorizont vorliegt. Deshalb bleiben Gesprächspartner sich fremd, obwohl sie einen vermeintlichen Dialog führen. Dies lässt sich sehr gut anhand eines Textauszuges aus *Reisende auf einem Bein* belegen, in dem Irene und Stefan aneinander vorbei sprechen:

„Ich habe Angst, wenn Kinder spielen, sagte Irene. Stefan hob das Glas an den Mund: Warst du ein Kind. Wenn man dich ansieht, ist das nicht mehr sicher. Irene sah durch die Scheibe. Von der Straße drangen Geräusche herein, ein Rieseln, ein Schürfen, ein Treiben. Ich war ein Kind, sagte Irene. Nicht schön und nicht gut. Ich wurde geliebt. Ich mußte nur spielen und wachsen. Ändern mußte ich mich nicht. Ich glaube, es regnet, sagte Stefan. Oder wirft jemand mit Sand, sagte Irene, es ist spät. Ich wurde aus Liebe geschlagen." (RB 152)

Irenes Kindheit „im anderen Land" gestaltete sich anders als eine Kindheit in Westdeutschland. Stefan stellt zwar fest: „Wenn man dich ansieht, ist das nicht mehr sicher", doch er interessiert sich offensichtlich nicht wirklich für Irenes Kindheit, von der er weiß, dass sie sich von seiner unterscheidet und damit keine gemeinsame Basis zu finden sein wird. Er lenkt vom Thema ab, und Irene kann nur noch wie nebenbei bemerken: „Ich wurde aus Liebe geschlagen."

Charakteristisch für Gespräche in Herta Müllers Texten ist der häufige Gebrauch des Verbs „sagte". Diese Tatsache ist bezeichnend für den ganz anderen Diskurs des Alleinseins, denn die Personen sprechen jeweils für sich und nehmen selten wirklich Bezug aufeinander. Deshalb wird auch fast nie „fragte" oder „antwortete" gebraucht. (vgl. TS 70) Die „Inquit-Formel [...] [trägt darüberhinaus] erheblich zur Rhythmik des Textes"[71] bei.

Herta Müllers Schreiben ist auch sehr stark von der problematischen Situation in der Diktatur geprägt. Gegenüber deutschen Autoren, die die Situation im Land kritisch reflektierten, war die Zensur besonders streng.

Helmuth Frauendorfer, ein rumäniendeutscher Autor, der unter anderem mit Herta Müller zusammenarbeitete, umriss die sprachliche Situation kritischer Autoren mit den folgenden Worten:

> „Verzweifelte Sprache, die sich finden muß. Die Sprache, die in den Rissen lebt. Nicht die Sprache des Alltags ist, nicht die Sprache des Landes. Die sich aber verteidigen muß gegen die Sprache der Macht. Gegen den Mißbrauch von Sprache, von Worten durch die Macht. [...] Die Macht, die versucht, die Sprache zu besetzen, um sie unbrauchbar zu machen, sie für sich zu instrumentalisieren. Auf daß der Mensch verblöde in seinem Alltagstrott, nicht mehr definieren kann die Strukturen der Macht, weil er nur noch die Sprache der Macht spricht. Eine Sprache, die das Sehen der Macht, die Einsicht in die Mechanismen der Macht verweigert. [...] Dann rückte das Subjekt in den Vordergrund. Ein engagiertes Subjekt, das seine Sprache einbrachte in die Risse der Realität, sie so zu entblößen suchte. Das funktionierte eine Weile. Und die Sätze wurden immer kürzer. Es war wieder die Suche. Die Suche nach der Sprache, einer nicht besetzten Sprache, nach einer nicht von der Macht, nicht von der Minderheit, aus der wir stammten, besetzten Sprache. [...] Eine Situation, in der das Wort seine Kraft aus seiner Schwäche schöpfte. Denn das Wort war schwach. Stark war die Macht. Und hatte furchtbare Angst vor dem Wort, dem schwachen. Und da die Macht dem Wort nicht immer an den Kragen konnte, ging es den Autoren an den Kragen. [...] Mit jedem Jahr, das verging, mit jedem Monat, jedem Tag, bröckelte ein Stück Sprache ab, in den Bereich der Macht. Sie hatte das Sagen. Den kritischen Autoren wurde bald das Sagen, das öffentliche Sprechen, sei es auch das Sprechen der poetischen Sprache, entzogen. Veröffentlichungsverbote."[72]

Auch Herta Müller wurde streng zensiert. Zahlreiche Texte konnten in Rumänien nicht erscheinen und wurden erst in Westdeutschland veröffentlicht.

---

71 Haupt-Cucuiu, Herta: Eine Poesie der Sinne. Herta Müllers „Diskurs des Alleinseins" und seine Wurzeln. Paderborn, 1996, S. 38

72 Frauendorfer, Helmuth: Poesie gegen die Gewalt. In: Kratschmer, Edwin (Hg.): Literatur + Diktatur. Internationales Autorencolloquium KUNST + FREIHEIT, LITERATUR + DIKTATUR, 14.-16. November 1997 an der Friedrich-Schiller-Universität Jena, S. 183-189, hier: S. 187f.

Zur Rolle des Rumänischen als Landessprache und Sprache der Diktatur äußert sich Herta Müller folgendermaßen:
„Die Landessprache wurde in Augenblicken zur Staatssprache." (HS 37) Die Staatssprache als Sprache der Diktatur ist „ideologisch gesteuert" und dient „einem einzigen Zweck: die herrschende Ideologie zu verbreiten und durchzusetzen"[73]. Die Ideologiesprache übte neben dem „utilitären Jargon des Dorfes"[74] wichtige Einflüsse auf das Schreiben Müllers aus. Auf syntaktischer Ebene fällt vor allem der verstärkte Gebrauch von Aussagesätzen auf, der sowohl für die beiden erwähnten Sprachvarianten als auch für Herta Müllers Stil charakteristisch ist. Frage- und Ausrufesätze kommen hingegen sehr selten vor. Auch „Wiederholungen im Satzbau und Wortwiederholungen"[75] sind typisch. In der Analyse der stilistischen Eigenheiten Herta Müllers stellt Herta Haupt-Cucuiu schlussfolgernd fest:

> „Hatte ihr die Heimatsprache vorgeführt, wie Klarheit und Einprägsamkeit erzielt werden, so führte die Sprache der Diktatur vor, wie Sprache emotionalisiert werden kann."[76]

Wie die Medien die Sprache manipulieren, demonstriert Müller in der Erzählung *Schwarzer Park*:

> „Und ein Diktator ist wieder gestürzt, und die Mafia hat wieder einen umgebracht, und ein Terrorist liegt im Sterben in Italien." (N 141)

Hier greift Müller die Art und Weise auf, die die Medien als Auslandsberichterstattung bezeichneten. Ereignisse aus fremden, hauptsächlich kapitalistischen Ländern werden aneinandergereiht. Die Substantive „Diktator", „Mafia" und „Terrorist" sollen vergegenwärtigen, wie kriminell und korrupt das westliche Ausland ist.
Herta Müller verdankt ihrer besonderen sprachlichen Situation also auch wichtige Impulse für ihr Schreiben. Indem sie sich häufig jener Mechanismen bedient, die sie innerhalb der verfestigten Ordnungen (Dorf und Staat) anprangert, ist es

---

73 Haupt-Cucuiu, S. 117

74 Herta Müller selbst gebrauchte diese Bezeichnung in zahlreichen Interviews. Hier: Haupt-Cucuiu, S. 106

75 Haupt-Cucuiu, S. 130

76 Ebda., S. 130f.

ihr möglich, die Mechanismen zu enthüllen, deren Gebrauch ihrer Meinung nach prägend für die Machtinstanzen ist.
Insbesondere die Durchdringung der unterschiedlichen Sprachen und Sprachvarianten, die sich einem Leser ohne die besondere Sprachkompetenz der Autorin nie ganz erschließen werden, wird oft als ein befremdliches Moment wahrgenommen. Damit hat Müller eine zunächst problematisch erscheinende Konstellation für sich fruchtbar gemacht.

5.2 Das Eindringen des Fremden: Surrealismus und Polyglossie

Beim Lesen von Herta Müllers Texten fallen an zahlreichen Stellen „surrealistische Anklänge"[77] auf. Zwar stellt Müller keine direkten Affinitäten zum Surrealismus her, doch scheint ihr Schreiben von unterschiedlichen surrealistischen Verfahren inspiriert. Dazu gehören vor allem

> „[d]er explizit antinationale Charakter der Texte, ein scheinbar autobiografischer Ich-Erzähler, der sich oft in einem traumähnlichen Zustand befindet, die bewusst eingesetzte Erzählperspektive des Kindes und der dazugehörige erstaunte Blick, das Montageverfahren, das Betonen der Materialität der Sprache, Sprachskepsis und erhöhte Sprachsensibilität."[78]

Das surrealistische Verfahren ermöglicht eine Vielzahl neuer Ausdrucksformen. Die Ablehnung konventionellen Erzählens geht mit der Erfindung einer neuen, eigenen Sprache einher, die viele „spannende Bilder"[79] hervorbringt. Der surrealistische Schnitt wird in den Texten meist auf der Wahrnehmungsebene vollzogen. Oft stehen Bewusstseinsvorgänge im Mittelpunkt der Darstellung, allerdings nur selten in Form von Gedankengängen, sondern vor allem in der Art und Weise, wie die Person ihre Umgebung wahrnimmt.[80] Ein Beispiel für diese Wahrnehmung, die das Bewusstsein einer Figur spiegelt, ist das in *Der Fuchs war damals schon der Jäger* häufig wiederkehrende Bild der Pappeln, die wie Messer schneiden. Dieses Bild steht in einem engen Zusammenhang mit Herta Müllers

---

77 Brandt, Bettina: Schnitt durchs Auge. Surrealistische Bilder bei Yoko Tawada, Emine Sevgi Özdamar und Herta Müller. In: Arnold, Heinz Ludwig: Literatur und Migration. TEXT + KRITIK. Zeitschrift für Literatur. Sonderband. München, 2006, S. 75

78 Ebda., S. 75

79 Ebda., S. 82

80 Vgl. Haupt-Cucuiu, S. 40f.

Auffassung von Wahrnehmung, die sehr stark mit dem Sehen zusammenhängt: Sehen heißt „zerstören" (TS 25). Dieses alles zerschneidende Sehen wird insbesondere in *Der Fuchs war damals schon der Jäger* als Technik eingesetzt, um Bild- und Perspektivwechsel zu markieren, Lücken zu schaffen und damit eine vielperspektivische Darstellung zu erreichen.[81]

Auf diese Fragmentarisierung einer gesetzten Ordnung in viele Einzelordnungen wird in einem späteren Abschnitt noch näher eingegangen werden.

Eine vielperspektivische Darstellung erreicht Müller auch durch die Verwendung hybrider Figuren.

Ihre Sprache bewegt sich häufig in einem Zwischenraum. Müller trägt Wendungen und Bilder aus dem Rumänischen in die deutsche Sprache hinein und erschafft damit neuartige Sprachfiguren, die durch ihre Fremdartigkeit die Aufmerksamkeit des Lesers immer wieder herausfordern.

Sie selbst geht davon aus, dass es in jeder Sprache andere Augen gibt:

> „Zwischen allen Sprachen tun sich Bilder auf. Jeder Satz ist ein von seinen Sprechern so und nicht anders geformter Blick auf die Dinge. Jede Sprache sieht die Welt anders, hat ihr gesamtes Vokabular durch diese andere Sicht anders gefunden – ja sogar anders eingefädelt ins Netz seiner Grammatik. In jeder Sprache sitzen andere Augen in den Wörtern." (HG 15)

Das Überschreiten der Sprachgrenzen zwischen der deutschen Muttersprache und der rumänischen Landessprache erweist sich als äußerst produktiv, wenn Bilder und Wendungen aus dem Rumänischen in die deutsche Sprache übertragen werden und damit interessante hybride Figuren entstehen. Das Zusammenfließen der beiden Sprachen offenbart sich beispielsweise in den Titeln *Herztier* und *Der Mensch ist ein großer Fasan auf der Welt*. *Herztier* ist eine Übertragung des rumänischen Neologismus *inimal*, der sich aus *inima* (*dt.* Herz) und *animal* (*dt.* Tier) zusammensetzt. *Der Mensch ist ein großer Fasan auf der Welt* offenbart die unterschiedlichen Bedeutungsgehalte des Fasans in den beiden Sprachen. Im Rumänischen wird der flugunfähige Vogel mit völlig anderen Attributen versehen als im Deutschen. Während er in der deutschen Sprache als prachtvoller, eitler Vogel betrachtet wird, assoziiert man im Rumänischen eher eine Hilflosigkeit, die sich aus der Flugunfähigkeit des Tieres ergibt.[82] Beide Aspekte fließen in

81 Vgl. Haupt-Cucuiu, S. 67

82 Vgl. Bozzi, S. 121f.

den Titel mit ein und ergeben so eine weitaus differenziertere Sicht auf den Müller Windisch, dessen Situation im Mittelpunkt des Textes steht. Einerseits verweist das Bild auf die Überheblichkeit des Protagonisten, der sich als Deutscher in einer überlegenen Rolle sieht, andererseits spielt auch die Hilflosigkeit und die Unfähigkeit, den Prozess der Auswanderung voranzutreiben, mit hinein.
Besonders häufig überträgt Müller Sprichwörter und Redensarten aus dem Rumänischen ins Deutsche. An einigen Stellen schickt sie die Interpretation hinterher. So heißt es beispielsweise in *Reisende auf einem Bein*: „Der Herr vom Dienst irrt quer über Felder. Das war eine Redewendung aus dem anderen Land. Sie meinte, auf etwas beharren, ohne zu verstehen." (RB 28)
Für deutsche Leser befremdlich wirkende Metaphern und Vergleiche gehen sehr oft auf bewusst durchgeführte und unkommentierte Lehnübersetzungen aus dem Rumänischen, das Herta Müller als die Sprache mit den „schonungslosere[n] Bildern" (HS 37) bezeichnet, zurück. Zu ihrem Verhältnis zur rumänischen Landessprache, einer Fremdsprache, die sie erst in der Schule erlernen musste, äußert sich die Autorin folgendermaßen: „[D]ie Landessprache war mir nie so nah wie meine Muttersprache, doch ihre Bilder waren mir lieber." (HS 37)
Neben Lehnübersetzungen aus dem Rumänischen ist auch der häufige Gebrauch von Metaphern charakteristisch für Herta Müllers Literatur. Sie tragen zur starken Bildlichkeit der Sprache bei. In *Herztier* wird mehrfach der Begriff „Kleinigkeiten" statt „Innereien" gebraucht, da das Rumänische für beide Begriffe das gleiche Wort benutzt: Măruntaie (u.a. H 19).
Bezeichnend für Müllers Stil sind auch Wiederholungen mit und ohne Variationen sowie Chiasmen:

> „Die Vorstadt war mit Drähten und Rohren an die Stadt gehängt und mit einer Brücke ohne Fluß. Die Vorstadt war an beiden Enden offen, auch die Wände, die Wege und Bäume. In das eine Ende der Vorstadt rauschten die Straßenbahnen der Stadt, und die Fabriken bliesen Rauch über die Brücke ohne Fluß. Das Rauschen der Straßenbahn unten und der Rauch oben waren manchmal dasselbe." (F 12)

Durch den Parallelismus wird die Aussage intensiviert, der Begriff *Vorstadt* wird zum Leitmotiv, das sich dem Leser einprägt. Auch Wiederholungen mit Variation wie beispielsweise „mit einer Brücke ohne Fluß" und „über die Brücke ohne Fluß" kehren leitmotivisch wieder und erregen damit die Aufmerksamkeit des Rezipienten. Irritierend wirken die „an beiden Enden offen[en]" Wände und

Bäume. Diese Aussagen brechen mit den Erwartungen des Lesers. Sie werden auch nicht erklärt. Stattdessen wird die Belastung, die die Vorstadt durch die Stadt erfährt, näher erläutert. Der Chiasmus „rauschten die Straßenbahnen der Stadt, und die Fabriken bliesen Rauch" verweist auf die Lärmbelästigung und die Luftverschmutzung, unter der die Vorstadt zu leiden hat. Von „oben" („Rauch") und „unten" („Rauschen der Straßenbahn") wird sie von den negativen Auswirkungen der Stadt betroffen. Der ähnliche Wortklang von „Rauch" und „Rauschen" trägt zusätzlich zur Verdeutlichung der Verbindung zwischen Stadt und Vorstadt bei, die auch schon durch die „Drähte" und „Rohre" gegeben ist.[83]

Wiederholungen wie im soeben angeführten Beispiel dienen der Rhythmisierung der Sprache und prägen sich dem Leser bald als Leitmotive ein. Die „Brücke ohne Fluß" ist ein solches Leitmotiv, das möglicherweise zum Ausdruck bringt, dass zwei Teile einer künstlichen Verbindung bedürfen, ohne dass ein eigentlicher Trennungsgrund („Fluß") vorliegt. Einige Sätze später ist die Rede von der „Brücke ohne Wasser" (F 12). Mit dem Präpositionalattribut „ohne Wasser" kann man auch „Trockenheit" oder „Sterilität" assoziieren, die im Sinne von „ausgemergelt" oder „ausgezehrt" möglicherweise auf die Fabrikarbeiter (F 13) verweisen.[84]

In *Heute wär ich mir lieber nicht begegnet* zieht sich ein Satz leitmotivisch durch den gesamten Roman: „Ich bin bestellt." Um diesen Satz kreisen sämtliche Gedanken der Erzählfigur, die in der Straßenbahn die immergleichen Verhörsituationen, zu denen sie bestellt wird, Revue passieren lässt.

Auf syntaktischer Ebene ist das gehäufte Vorkommen von Hauptsätzen charakteristisch. Der parataktische Stil bedingt, dass den nur selten vorkommenden Nebensätzen mehr Bedeutung beigemessen wird, da sie eine Besonderheit darstellen. Müllers Texte enthalten auch fast nur Mitteilungssätze. Fragesätze oder Ausrufesätze kommen sehr selten vor. Dieser Sachverhalt wurde bereits im Zusammenhang mit der Ideologiesprache und der Dorfsprache erwähnt. Eine weitere Begründung kann man in der poetischen Konzeption des *Diskurses des Alleinseins* finden, die vorsieht, dass jeder für sich allein spricht.

Im Bereich der Semantik fällt die häufige Verwendung von Personifikationen auf. In *Der Fuchs war damals schon der Jäger* heißt es beispielsweise: „Am ande-

---

83 Vgl. Haupt-Cucuiu, S. 47f.

84 Vgl. ebda., S. 48

ren Ende der Vorstadt fraß das Feld und lief mit Rübenblättern weit hinaus, dahinter blinkten weiße Wände." (F 12)

Häufig wird auf semantischer Ebene auch mit den Lesererwartungen gebrochen. Wenn es im Anschluss an die soeben zitierte Passage heißt:

> „Zwischen dem Dorf und der Brücke ohne Fluss hingen Schafe. Sie fraßen keine Rübenblätter, am Feldweg wuchs Gras und sie fraßen den Weg, bevor der Sommer vorbei war. Dann standen sie vor der Stadt und leckten an den Wänden der Fabrik." (F 12)

Es mag zwar nicht ungewöhnlich sein, dass Schafe fressen, dass sie allerdings „den Weg" fressen, wirkt höchst befremdlich. So wird das Fressen der Schafe zum aggressiven Akt, zumal sowohl das Feld als auch die Schafe dieses „zerstörerische Verhalten"[85] zeigen.

Auslassungen sind ein weiteres sprachliches Mittel, dessen sich Müller bedient. Sie stehen beispielsweise in *Heute wär ich mir lieber nicht begegnet* häufig am „Ende von inneren Monologen, in denen die Ich-Erzählerin ihre Standfestigkeit wiederzuerlangen sucht"[86], um nicht am System zu Grunde zu gehen:

> „Wir wissen alles, sagte Albu. Mag sein, da stimme ich Lili zu, über die Schalen der Toten vielleicht. Aber nichts über ihre Geheimnisse, über Lili, die Albu nie erwähnt. Nichts über Glück und Verstand, die morgen etwas tun, was ich heut selber noch nicht weiß. Und nichts über den Zufall, der vielleicht übermorgen kommt, ich lebe ja..." (HB 45)

Die Auslassung am Ende des inneren Monologs entlarvt die vorangehende „Selbstbeschwörung" als „Selbstlüge".[87] Albu weiß tatsächlich mehr als die Erzählerin sich einzureden versucht, und dieser Tatsache ist sie sich auch bewusst.

---

85 Haupt-Cucuiu, S. 51

86 Brodbeck, S. 136

87 Ebda., S. 137

6 Ethnozentrismus

Ein zentrales Thema in Herta Müllers Texten ist der Ethnozentrismus der banatschwäbischen Minderheit. Die kritische Auseinandersetzung mit den dörflichen Strukturen, die auf kollektiver Verdrängung und Selbstbetrug gründen, durchzieht ihr gesamtes Frühwerk bis zur Übersiedelung in die Bundesrepublik. Auch später nimmt die Autorin noch häufig Bezug auf ihre dörfliche Herkunftswelt, allerdings steht diese nicht mehr allein im Mittelpunkt der Darstellung.
Müller greift vor allem Tabuthemen wie zum Beispiel die nationalsozialistische Vergangenheit vieler Angehöriger der deutschen Minderheit in Rumänien auf. In diesem Zusammenhang wird häufig die Vaterfigur problematisiert, die weiterhin faschistisches Gedankengut propagiert.
Den Ethnozentrismus versuchte Müller in der Metapher des „deutschen Frosches" zu erfassen:

> „Die Frösche quakten aus allen Lebenden und Toten dieses Dorfes. Jeder hat bei der Einwanderung einen Frosch mitgebracht. Seitdem es sie gibt, loben sie sich, daß sie Deutsche sind, und reden über ihre Frösche nie, und glauben, daß es das, wovon zu reden man sich weigert, auch nicht gibt." (N 94)

An dieser Stelle nimmt die Erzählerin auch Bezug auf die Engstirnigkeit und Beschränktheit der Dorfbevölkerung. Bestimmte Themen, wie zum Beispiel die faschistische Vergangenheit, werden verdrängt und tabuisiert, da sie möglicherweise die überkommenen Werte in Frage stellen könnten.
Der „deutsche Frosch" stellt die Dekonstruktion eines bekannten Motivs aus dem Volksmärchen dar.[88] Er steht für „das Gefühl, überwacht zu werden" (TS 20) und ist damit „der erste Diktator". (TS 21) Der Frosch wird allgemein mit Kälte assoziiert, im Rahmen der Volkserzählung kommt ihm auch die „Rolle eines unbedeutenden und böswilligen Tieres"[89] zu.

---

88 Bozzi, S. 37

89 Brednich, Rolf Wilhelm: Enzyklopädie des Märchens. Handwörterbuch zur historischen und vergleichenden Erzählforschung, Bd. 5, Berlin, 1987, S. 399, s.v. Frosch

6.1 Die Grundlagen der Ordnung im banatschwäbischen Dorf

Eines der wichtigsten Themen Herta Müllers ist die soziale Ordnung des banatschwäbischen Dorfes, die keinerlei Abweichung von der Norm zulässt. Den Rahmen dieser Ordnung bildet das Deutschtum, das den Bewohnern die Überlegenheit über andere Volksgruppen einräumt. Das starke koloniale Bewusstsein innerhalb der Dorfgemeinschaft hat zur Folge, dass alle Elemente, die nicht dem Eigenen zugerechnet werden können, nicht toleriert, sondern ausgemerzt werden.

6.1.1 Mythen deutscher Heimat

Im Folgenden soll Roland Barthes' Mythendefinition auf den Ethnozentrismus im Werk Herta Müllers angewandt werden.

Barthes' Definition des Mythos basiert auf der Feststellung: „der Mythos ist eine Aussage. [...] Kein Objekt, kein Begriff [...] [und keine] Idee“[90] kann zum Mythos werden, da er „ein Mitteilungssystem, eine Botschaft“[91] ist. Entscheidend ist also nicht das Objekt selbst, sondern die Art und Weise, wie es dargestellt wird. Barthes geht davon aus, dass zwei semiologische Ebenen vorhanden sind, die beide aus einem Bedeutenden und einem Bedeuteten bestehen. Das Zeichen als Endprodukt des ersten semiologischen Systems (Sprache) bildet gleichzeitig den Anfangspunkt des zweiten semiologischen Systems (Mythos). Im Zusammenhang mit der Sprache, also auf der ersten Ebene, bezeichnet Barthes das Zeichen als „Sinn“, auf den Mythos bezogen als „Form“.[92]

Roland Barthes zufolge handelt es sich beim Mythos um ein ideologisches Wertesystem, das

> „soziale Erscheinungen, Riten und Objekte in einer Kultur einer bestimmten Idee unterwirft, indem zwischen beiden eine feste, ausschließliche Referenzbeziehung hergestellt wird“[93].

---

90 Barthes, Roland: Mythen des Alltags. Frankfurt/Main, 2006, 29. Auflage, S. 85

91 Ebda., S. 85

92 Vgl. ebda., S. 92ff.

93 Vgl. Barthes, Roland: Mythologies. London, 1957, S. 117-157; zitiert nach: Strzelczyk, Florentine: Un-heimliche Heimat. Reibungsflächen zwischen Kultur und Nation. München,

Der zentrale Mythos, der das Leben der deutschen Minderheit in Rumänien charakterisiert, ist jener der „deutschen Heimat".[94] Die zentrale Idee, die den Mythos deutscher Heimat prägt, ist die der Superiorität der banatschwäbischen Gemeinschaft. Diese Überlegenheit wird mit den als typisch deutsch geltenden Tugenden in Verbindung gebracht: „Fleiß, Ordnungsliebe, Sparsamkeit, Sauberkeit und Disziplin."[95] Über diese Werte definiert die Gemeinschaft ihre banatschwäbische Identität. Der Druck der Identitätswahrung ist enorm. Die Gruppe übt auf ihre Mitglieder einen starken Zwang zur sozialen Normierung aus und schafft damit eine scharfe Abgrenzung nach außen. Erst diese Abgrenzung ermöglicht die Geschlossenheit der Gruppe. Wer sich den Wertmaßstäben und den Handlungsdirektiven der Gemeinschaft widersetzt, wird entweder zur Anpassung gezwungen oder ausgeschlossen.

Herta Müller sieht in diesen Mechanismen, die ihrer Ansicht zufolge den Mythos deutscher Heimat tragen, den Grund für den Niedergang rumäniendeutscher Gemeinden.

Um den Mythos sichtbar zu machen, bedient sich die Autorin der „beste[n] Waffe"[96] dagegen. Sie schafft in ihren Texten einen *„künstlichen Mythos"*[97] zweiter Ordnung, der den ersten entlarvt. Die von der Gemeinschaft propagierten Werte wie Fleiß und Sauberkeit „entarten zu einer Aktivität, die keine Funktionen mehr erfüllt, sondern nur noch sich selbst genügt"[98]:

> „Mutter kam aus dem Schuften nicht heraus. Die Dorfleute lobten sie aber nicht für ihren Fleiß. [...] Jeden Samstag wäscht Mutter den Gang auf, jedesmal kniet sie stundenlang. [...] Vom täglichen Aufwaschen waren im ganzen Haus die Bretter der Fußböden faul geworden. Der Holzwurm rettete sich aus der Feuchtigkeit in die Türen, Tischplatten und Türgriffe. Auch in die Rahmen der Familienbilder nagte er mehlige Rillen. Mutter kehrte das Holzmehl auf mit einem neuen Besen." (N 69)

Das Arbeitsethos pervertiert zum Tüchtigkeitsdünkel, der die Menschen zu Sklaven ihrer Verrichtungen macht. Erst das verstärkte Putzen führt zum Verfall des Hauses. Der Gegenmythos entwertet den ersten, indem er ihn in sein Gegen-

1999, S. 220

94 Strzelczyk, S. 220

95 Ebda., S. 221

96 Barthes, 2006, S. 121

97 Ebda., S. 121

98 Strzelczyk, S. 221

teil verkehrt. Dieses Verfahren der Mythendekonstruktion ist typisch für das Schreiben Herta Müllers.

6.1.2 Das Eigene als Norm – Autoethnisierung

Ein Kennzeichen der banatschwäbischen Gemeinschaft ist die ausgeprägte Autoethnisierungstendenz.

In einem Gespräch, das Herta Müller 1998 in Carlisle, Pennsylvania führte, versuchte sie den Ursachen dieser Tendenz auf den Grund zu gehen:

> „Die deutsche Minderheit aus Rumänien hat in ihrer Angst als Minderheit in einer Phobie gegen alles andere Äußere gelebt. In Angst, daß ihre Identität verloren geht, daß sich etwas verändert, daß etwas anderes hineinkommt. Das wurde absurd, daß die dreihundert Jahre lang, seit sie als Kolonisten in diese Orte kamen, alles immer wie ein Bündel Wegzehrung weitertransportiert und nichts anderes zugelassen haben. Von der Kleidung bis zum Essen, Volkslieder, Gebräuche und Alltag. Eine Mumifizierung mitten in jedem einzelnen Leben."[99]

Insbesondere in den Frühwerken *Niederungen* (1982), *Barfüßiger Februar* (1987) und *Der Mensch ist ein großer Fasan auf der Welt* (1986) steht das stark ethnisierte Menschenbild im Mittelpunkt der Darstellung. Diese Haltung zeugt von einem erheblichen kolonialen Bewusstsein.[100]

Vor allem die kindliche Erzählerin der *Niederungen* empfindet die rigorose Setzung des Eigenen als Norm, die auf dem Dorf praktiziert wird, als Qual. Um dem enormen Anpassungsdruck zu genügen, ist sie schon von Kindesbeinen an dazu gezwungen, sich zu verstellen und ihre wahren Gedanken zu verschleiern:

> „Ich wollte der Umgebung nahekommen und verschliß mich an ihr, ließ mich so von ihr zerstückeln, daß ich mich nicht mehr zusammenkriegte. [...] Ich sehnte mich nach ‚normalem Umgang' und versperrte mir ihn, weil ich nichts auf sich beruhen ließ. [...] Ich glaube, nach außen war mir nichts anzumerken. Darüber zu reden kam mir gar nicht in den Sinn." (K 14)

Noch wagt die Erzählerin es aus Furcht vor der Ausschließung aus der Gesellschaft nicht, sich den sozialen Normen zu widersetzen. Allerdings findet schon früh eine Abwendung von den stark normierenden sozialen Einflüssen statt,

---

99 Eddy, 1998, S. 335

100 Vgl. Patrut, Iulia-Karin: Schwarze Schwester – Teufelsjunge. Ethnizität und Geschlecht bei Paul Celan und Herta Müller. Köln, 2006, S. 132ff.

wenn auch zunächst nur im Geheimen. Bereits in jungen Jahren kann sich das Mädchen eher mit Angehörigen marginalisierter Gruppen identifizieren, als mit der homogenen Gemeinschaft. In *Niederungen* „gilt die subversive Sympathie der Erzählerin“[101] den Außenseitern wie der „Hexe“ (N u.a. 41), „dem alten Orgeltreter mit der klappernden Prothese oder dem buckligen Lorenz“[102]. Die Situation von Wendel, einem stotternden Jungen, der in etwa gleichaltrig ist, wird relativ ausführlich beschrieben:

> „Und Wendel hat noch immer nicht sprechen gelernt und wird auf den Straßen mit Staub und mit Steinen beworfen, und wird in die Pfützen gestoßen, und in den Graben gerannt, wo der Schlamm stinkt, und wird von den Schulkindern mit Kreide beschrieben, und muß mit dem Rücken voller Kreidestriche durch die Straßen gehen, und wird im Gesicht mit Tinte bekleckst, und darf erst, wenn er weint, nach Hause gehen. Erst wenn sein Gesicht verzerrt ist vor Angst, lassen sie ab von ihm, erst wenn er das Genick voller Raupen und Regenwürmer und Blattläuse hat. Wendel redet fließend, wenn er allein ist und mit sich redet. Ich höre ihn manchmal im Hinterhof. Wir sitzen an demselben Zaun, Wendel in seinem Hof und ich in meinem. Ich esse Malvenblüten, von denen man dumm wird, und Wendel ißt grüne Aprikosen und kriegt manchmal davon hohes Fieber.“ (N 88)

Bereits das Kind stellt fest, dass der Auslöser von Wendels Stottern die Angst vor den Schulkindern ist. Der Junge ist dem enormen gesellschaftlichen Druck nicht gewachsen und muss die Demütigungen ertragen. Alleine spricht er „fließend“. Die Erzählerin solidarisiert sich gewissermaßen mit ihm, wenn sie auf der anderen Seite des Zaunes sitzt und wie Wendel verbotene Früchte nascht.

Das Interesse für marginalisierte Personen erwächst aber offensichtlich nicht nur aus dem Wunsch, sich einer Vereinnahmung durch die Gemeinschaft zu entziehen, sondern kann auch als Interesse für die Daseinsweise des Anderen gedeutet werden. Damit wird ein Aspekt berührt, der dem Anderen eine Bedeutung einräumt, die beispielsweise in Emmanuel Levinas' Ethik anklingt. Er räumt dem Anderen eine radikale Fremd- und Andersartigkeit ein und stellt damit das *Ich* vor die Herausforderung, sich dem Anderen gegenüber verantwortlich zu fühlen.[103] Allein das Interesse für die Außenseiterproblematik zeugt von einer gewissen Reife, die selbst der Großteil der Erwachsenen nicht aufbringt. Aller-

---

[101] Zierden, Josef: Deutsche Frösche. Zur „Diktatur des Dorfes“ bei Herta Müller. In: Arnold, 2002, S. 35

[102] Ebda.

[103] Vgl. Taureck, S. 51f.

dings ist die kindliche Erzählerin selbst eine Außenseiterfigur, die wenig angepasst scheint. Allein die Tatsache, dass es sich um eine Beobachterin handelt, die bereits im Kindesalter die überkommenen Werte und Normen kritisch hinterfragt, legt diese Position am Rande der Gesellschaft nahe. Das Kind erscheint in der festgefügten Dorfgemeinschaft mit ihren Regeln und Absprachen als fremd und ungezähmt. Das unangepasste Individuum – Folgsamkeit und Gehorsam sind keine angeborenen Eigenschaften – wird erst durch die Aneignung durch die Gemeinschaft ein Teil von ihr.[104]

Nachdem Herta Müller aus dem banatschwäbischen Dorf in die Stadt gezogen war, konnte sie aus der Distanz die dörfliche Ordnung gezielter und erstmals auch öffentlich kritisch beurteilen. Deshalb beruhen die in *Niederungen* beschriebenen Kindheitserinnerungen auch nicht auf tatsächlichen Begebenheiten:

> „Diese Ich-Person, das Kind in den *Niederungen*, ist selbstverständlich eine künstliche Person, weil ich das Buch auch erst schreiben konnte, als ich aus dem Dorf draußen war, als ich eine Alternative dazu hatte. Wenn du keine Alternative hast, dann steckst du drin, und wer sollst du sein? Du wirst nur das, was rundherum vorgegeben ist, weil du dort gar keine hast. Die Wahl, das nicht zu werden, das überhaupt zu beurteilen, hast du ja erst, wenn du es verlassen kannst, es von außen ansiehst. Das Kind, das in diesem Buch ist, kann nur eine künstliche Person sein. Es ist das Erwachsene drin. Alles, was in mich kam, nachdem ich aus dem Dorf draußen war, hab ich in dieses Kind hineinprojeziert. Es gab natürlich Situationen, wo ich als Kind überfordert war, Weinen, Angst, vieles, was nicht geheuer war, aber ich hatte dafür gar keine Begriffe, ich hatte dafür keine Sprache, ich hatte dagegen keine Mittel und keine Möglichkeiten. Es war dumpf im Kopf, aber ich hätte nicht gewußt, was und warum, seinerzeit."[105]

Bezeichnend für die erwachsenen Erzählfiguren ist häufig der Wunsch, die banatschwäbisch markierte Ethnizität der Eltern sowie das dörfliche Herkunftsmilieu abzustreifen.[106]

Wie starr und homogen die Strukturen des dörflichen Umfeldes sind, findet unter anderem in der fehlenden Individuierung der Bewohner seinen Ausdruck, die in der Namenlosigkeit beinahe aller Figuren gipfelt. Es ist fast ausschließlich die Rede von Typen mit repräsentativem Charakter:

Die Mutter, der Vater, die Großmutter, der Großvater, das Kind.

---

104 Vgl. Richter, Dieter: Das fremde Kind. Zur Entstehung der Kindheitsbilder des bürgerlichen Zeitalters. Frankfurt/Main, 1987

105 Eddy, S. 335

106 Vgl. Patrut, S. 167

Die Mitglieder der dörflichen Gemeinschaft werden auf ihre Berufsbezeichnungen und damit auf ihre Funktion im sozialen Raster reduziert: Der Müller, der Schmied, der Pfarrer, der Richter, der Lehrer usw.

In *Der Mensch ist ein großer Fasan auf der Welt* werden beispielsweise nur der Protagonist Windisch, seine Frau und seine Tochter Amalie beim Namen genannt. Auch marginalisierte Figuren, wie beispielsweise Rudi, der „das Sanatorium nicht nur von außen" (F 27) kennt, werden namentlich erwähnt. Besonders drastisch wird die entindividualisierte Gemeinschaft in dem Prosastück *Der deutsche Scheitel und der deutsche Schnurrbart* geschildert. Ein Bekannter der Erzählfigur kehrt in das elterliche Dorf zurück und muss feststellen, dass er sich im fremd gewordenen Heimatort nicht mehr zurechtfindet. Es gibt keine Tageszeiten mehr, sondern lediglich einen ständigen Dämmerzustand, der „in den Gesichtern der Leute" (N, 129) ist. In dieser befremdlichen Welt, die sich aus einem verwirrenden Nebeneinander von Häusern, Zäunen und Straßen zusammensetzt, ist der Besucher auch nicht mehr in der Lage, die Sprache der Dorfbewohner zu verstehen. Die Menschen treten nur in der „Anonymität des Kollektivs" in Erscheinung und sind bis in die „Physiognomie hinein" geprägt „von entidividualisierender Gleichheit und leblos-blasser Farblosigkeit"[107]. Eine Annäherung des Besuchers an die Gemeinschaft ist nicht möglich, da Fremdes schlichtweg nicht wahrgenommen beziehungsweise ausgeblendet wird:

> „Mein Bekannter ging auf Zehenspitzen auf den Stuhl zu. Vater, sagte er, und der Mann auf dem Stuhl schaute stur in den Spiegel. Er tippte ihm mit der Hand auf die Schulter. Der Mann vor dem Spiegel schaute noch sturer in den Spiegel." (N 130)

Der Schluss des Prosastückes offenbart schließlich das Schwinden jeglicher „Restindividualität des Dorfes"[108]: Der Ort hat keinen Namen mehr. Lediglich das Wort „BAHNHOF" (N 131) findet sich auf dem Schild, das einst auf das Dorf verwies.

---

107 Zierden, S. 34

108 Ebda.

6.2 Das Fremde als Bedrohung der dörflichen Ordnung

Das „Fremde als das Außer-ordentliche" begleitet Bernhard Waldenfels zufolge die Ordnung „wie ein Schatten"[109]. Waldenfels unterscheidet zwischen drei verschiedenen Graden der Fremdheit.
Die *alltägliche* Fremdheit ist eine gesellschaftlich akzeptierte Form von Anonymität, die nicht als bedrohlich, sondern als weitgehend normal wahrgenommen wird. Der unbekannte Schalterbeamte, der uns in seiner Funktion, nicht aber persönlich vertraut ist, kann diesem Bereich zugeordnet werden. Eine gesteigerte Form ist die *strukturelle* Fremdheit, die sich, um mit Husserl zu sprechen, aus der Trennung der Lebenswelt in *Heimwelt* und *Fremdwelt* ergibt. Die der Fremdwelt entspringende Fremdgruppe wird bereits als bedrohlich empfunden, da sie *außerhalb der eigenen Ordnung* liegt. Husserl geht davon aus, dass auch Fremdartiges vom Eigenen her erschlossen und vertraut gemacht werden kann, da es „einen Kern der Bekanntheit nach dem allgemeinsten Erfahrungstypus"[110] enthalte. Ein Beispiel für strukturelle Fremdheit ist ein ethnisch Anderer. Die höchste Steigerungsstufe ist die *radikale* Fremdheit, die laut Waldenfels *außerhalb jeglicher Ordnung* zu verorten ist.
Vor allem „Grenzphänomene wie Schlaf, Rausch, Eros und Tod"[111] gehören dieser Kategorie an. Diese radikalste Ausprägung des Fremden wirkt auf eine feststehende Ordnung extrem bedrohlich, da sie kulturell nicht gebändigt werden kann. Herta Müller erschafft in ihren Texten häufig Bilder, die für das radikal Fremde stehen. Insbesondere der Apfelbaum, der seine Früchte selbst verzehrt, und das zwölffingrige Teufelskind verkörpern den Einbruch des Fremden in die Ordnung des banatschwäbischen Dorfes.

6.2.1 Die Furcht vor dem Fremden und Andersartigen

Sobald die dörfliche Ordnung mit Fremdeinflüssen konfrontiert wird, reagiert die homogene Gruppe mit Furcht. Es ist dies die „Furcht vor dem Ungeordneten,

---

109 Waldenfels, Bernhard: Phänomenologie des Eigenen und des Fremden. In: Münkler; Ladwig, S. 72

110 Vetter, Helmuth (Hg.): Wörterbuch der phänomenologischen Begriffe. Hamburg, 2004, S. 257, s.v. Heimwelt - Fremdwelt

111 Waldenfels. In: Münkler; Ladwig, S. 72

vor der Wiederkehr des Regellosen, vor dem sich jeglichem Logozentrismus entziehenden Chaotischen".[112] Vom Fremden und Andersartigen geht eine ungeahnte Bedrohung aus, die nicht kontrolliert werden kann.

Besonders eindrucksvoll werden die xenophoben Elemente innerhalb der dörflichen Gemeinschaft in der Erzählung *Der Apfelbaum* beschrieben:

> „Vor dem Krieg hatte ein Apfelbaum hinter der Kirche gestanden. Es war ein Apfelbaum, der seine Äpfel selber fraß. Der Vater des Nachtwächters war auch Nachtwächter gewesen. In einer Sommernacht stand er hinterm Buchsbaumzaun. Er sah, wie der Apfelbaum, am Stamm oben, wo sich die Äste teilten, ein Maul öffnete. Der Apfelbaum fraß Äpfel. [...] Der Nachtwächter ging nach Haus. [...] Er schlief ein. Er schlief im Schweiß. Während er schlief, rieb der Apfelbaum dem Dorfrichter die Schläfen wund. Seine Augen waren gerötet, und sein Mund war trocken. [...] Am Abend hielt der Dorfrichter eine Sitzung ab. Die Leute versammelten sich. Der Dorfrichter gründete eine Kommission zur Überwachung des Apfelbaums. Zu der Kommission gehörten vier Großbauern, der Pfarrer, der Dorflehrer und der Dorfrichter selbst." (MF 32f.)

Der Apfelbaum lässt vielerlei Interpretationsmöglichkeiten zu. Sein Standort hinter der Kirche legt eine religiöse Deutung nahe. Der Apfelbaum als Baum der Erkenntnis und Objekt der Verführung wird aus Furcht („er schlief im Schweiß") vor dem Unbekannten vernichtet. Der Baum kann auch als angsterzeugendes göttliches Omen verstanden werden, der einen Hinweis auf die Verderbtheit der Gesellschaft liefert.

Auch eine Deutung in Bezug auf die Gesellschaft ist möglich. Innerhalb der archaisch strukturierten Dorfgemeinschaft und im Rahmen des Sozialismus stalinistischer Prägung kann ein Baum, der seine Äpfel selbst verzehrt, auch sinnbildlich für einen Menschen stehen, der seine „Früchte" dem Kollektiv vorenthält und deshalb ausgemerzt wird.

Der Früchte tragende Apfelbaum lässt sich gleichsam als Symbol für das Weibliche interpretieren, das Verzehren der eigenen Früchte verweist in diesem Zusammenhang möglicherweise auf einen autoerotischen Akt. Innerhalb der stark patriarchalisch geprägten Strukturen des banatschwäbischen Dorfes ist für weibliche Autoerotik kein Platz.[113] Die gesamte männliche Dorfelite tritt dem radikal fremdartigen Gewächs entgegen. Die diskursprägenden Männer fürchten

---

112 Roberg, S. 18

113 Vgl. Patrut, S. 141

um ihre Macht und werten den äpfelverzehrenden Baum als Provokation und Bedrohung.

Die einzige männliche Figur, die den Apfelbaum nicht als Bedrohung empfindet, ihn sogar vor der Auslöschung bewahren möchte, ist der „alte Kürschner" (MF 36). Sein Status als Außenseiter hat seinen Grund vermutlich in der „Neigung zu Inszenierungen nackter Weiblichkeit"[114].

Er fertigt aus Baumstämmen Skulpturen nackter Frauen an, die von der Dorfgemeinschaft allerdings nicht als Kunst, sondern als reine „Zur-Schau-Stellung weiblicher Sexualität"[115] identifiziert werden. Warum der alte Kürschner den Apfelbaum retten will, wird zwar nicht explizit gesagt, doch lässt sich vermuten, dass er ein derartiges Symbol weiblicher Autoerotik in ein lebendiges Kunstwerk verwandeln möchte. Denkbar ist auch, dass er aus Solidarität zum ausgegrenzten Anderen handelt, um sich selbst zusätzlich von der Dorfgemeinschaft abzugrenzen.

Das radikal Fremde tritt in den Texten Herta Müllers auch in menschlicher Gestalt in Erscheinung. Das Teufelskind „hat an jeder Hand zwei Daumen nebeneinander" (H 126) und ist damit von radikal fremder *Art*.[116] Für die Gesellschaft ist es in dieser Form nicht verkraftbar, weshalb ihm die überzähligen Daumen abgeschnitten werden.

6.2.2 Der Umgang mit dem Fremden

Innerhalb der Strukturen der strikten dörflichen Ordnung ist eine Integration des Fremden nur möglich, wenn eine völlige Anpassung an die Gemeinschaft erfolgt.

Andernfalls gibt es lediglich zwei Formen des Umgangs mit fremden Elementen: Exklusion oder Auslöschung. Die ausgeprägte Homogenität der dörflichen Gemeinschaft wird durch soziale Praktiken des Ausschlusses gewährleistet. Fremden und Andersartigen bzw. -denkenden wird der Zugang zu sozialen Systemen erschwert oder gänzlich verwehrt. Das Teufelskind wird im ‚Funktionssystem

---

114 Patrut, S. 146

115 Ebda.

116 Vgl. Waldenfels, 1997, S. 20

Schule' erst akzeptiert, nachdem ihm der Lehrer die zusätzlichen Daumen abgeschnitten hat und diese auf dem Friedhof beigesetzt wurden.

In abwertenden, auf Exklusion abzielenden Bemerkungen gegenüber ethnisch anderen werden vor allem Rumänen, Zigeuner und Juden diffamiert.[117]

Der Pfarrer sieht in den Rumänen „Menschen anderer Art"[118], deren Gräber „anders riechen als die Gräber der Deutschen", weshalb sie auch „nicht zum Friedhof gehören". (MF 43)

Der Tischler bezeichnet einen rauchenden Rumänen als „Drecksau" und unterstellt, dass Rumänen „[d]en ganzen Sommer [...] Pelzleibchen" (MF 63) tragen würden. Die traditionelle Kleidung der rumänischen Schafhirten (*Cioban*) wird stark abgewertet. Auch Windisch diskriminiert Rumänen insbesondere in den Gesprächen mit dem Nachtwächter: „Walachisches Gesindel. Die wissen nicht mal, wie man Schweine füttert." (MF 73) Und wenig später diffamiert der Nachtwächter sowohl Juden als auch Frauen, wenn er feststellt: „[D]ie Juden verderben die Welt. Die Juden und die Weiber." (MF 77)

In derartigen Äußerungen offenbart sich das „ethnisch codierte Elitedenken"[119] des banatschwäbischen Dorfes, das nicht nur ethnisch, sondern auch geschlechtlich Andere als Außenstehende markiert. Vor allem bundesdeutsche Frauen werden abgewertet:

> „Das mit den Weibern in Deutschland stimmt. [...] Der Kürschner hat's geschrieben. Die Schlechteste von hier ist immer noch mehr wert als die Beste von dort. [...] Die Weiber gehn nach der neuesten Mode. [...] Die würden am liebsten nackt auf die Straße gehn. Schon in der Schule lesen die Kinder Zeitschriften mit nackten Weibern, schreibt der Kürschner." (MF 77)

Auch mehrfach marginalisierte Figuren kommen im Werk Herta Müllers vor. Ein Beispiel dafür ist Lola aus dem Roman *Herztier.* Sie wird von der banatschwäbischen Ich-Figur zwar nicht eindeutig ethnisiert, doch die „Schafe", die „Melonen" und die „Maulbeerbäume" (H 9) liefern einen Hinweis auf ihre rumänischen Wurzeln. Ihre geschlechtliche Alterität kommt in einer besonders intensiven und tragischen Art und Weise zum Ausdruck. Im „struppigen Park"[120]

---

117 Vgl. Patrut, S. 135

118 Luhmann, S. 229

119 Patrut, S. 130

120 Der „struppige Park" und der „Kopf [als] Gestrüpp" (H 17) sind häufig wiederkehrende

(H 18) prostituiert sich Lola, getrieben durch den „Wunsch nach weißen Hemden" (H 17), und erhält als Lohn von den Schlachthausarbeitern lediglich „eine Zunge oder eine Niere" (H 23), die im Wohnheimkühlschrank stets ganz hinten liegen. Als Lola im Turnlehrer den ersten „im weißen Hemd" (H 29) liebt, wird sie von ihm sexuell ausgenutzt und schließlich verstoßen:

> „Der Turnlehrer hat mich abends in die Turnhalle gerufen und von innen zugesperrt. Nur die dicken Lederbälle schauten zu. Einmal hätte ihm gereicht. Ich aber bin ihm heimlich nachgegangen und hab sein Haus gefunden. Es wird unmöglich sein, seine Hemden weiß zu halten. Er hat mich beim Lehrstuhl angezeigt. Ich werde die Dürre nie los. Was ich tun muß, wird Gott nicht verzeihen. Aber mein Kind wird niemals Schafe mit roten Füßen treiben." (H 31)

Lola erträgt die an ihr verübten Praktiken der Exklusion nicht und führt selbst ihre Auslöschung herbei. Sie will ihr Kind vor der Armut, deren Attribute die „Dürre" und die „Schafe mit roten Füßen" sind, bewahren. In einer Beziehung zum Turnlehrer sieht sie die Möglichkeit, dieser Armut, in der sie selbst aufgewachsen ist, zu entkommen. Für den Turnlehrer ist sie allerdings nicht mehr als eine kurze Affäre.

Die Vernichtung des Fremden ist ein häufig aufgegriffener Topos im Werk Herta Müllers. Ein bereits erwähntes Motiv des andersartigen Fremden ist der Apfelbaum aus *Der Mensch ist ein großer Fasan auf der Welt*. Aus Furcht vor der Bedrohung durch den befremdlichen Apfelbaum, der seine Früchte selbst verzehrt, wird von den Männern des Dorfes seine Auslöschung beschlossen. Zunächst findet eine Überwachung des Baumes durch die „Sommernachtskommission" (MF 33) statt. Nachdem der Dorfrichter mit seiner Axt und die Großbauern mit ihren Mistgabeln nicht in der Lage sind, den Apfelbaum zu vernichten (MF 35), gebietet die kirchliche Instanz die Vernichtung durch das Feuer: „Wir dürfen den Baum nicht fällen. Wir müssen den Baum stehend verbrennen." (MF 36) Das Feuer hinterlässt einen „schwarze[n], bucklige[n] Strunk" (MF 37) und den vom Lehrer so benannten „Apfelnebel" (MF 36). Das radikal Andere, das sich Levinas zufolge jeglicher Aneignung entzieht, trotzt der Vernichtung. Selbst die nach-

---

Motive, die auf Unordnung und Eigensinnigkeit hinweisen, die innerhalb der herrschenden Norm inakzeptabel sind und deswegen unterdrückt werden müssen. Vgl. dazu: Meurer, Petra: Formelhaftigkeit bei Herta Müller. In: Denneler, Iris (Hg.): Die Formel und das Unverwechselbare. Interdisziplinäre Beiträge zu Topik, Rhetorik und Individualität. Frankfurt/Main, 1999, S. 182

trägliche Verbrennung des Strunkes vermag es nicht endgültig aus der Welt zu schaffen. Die Asche taucht im Kirchhof „neben dem Buchsbaumzaun" (MF 38) wieder auf, obwohl der Kirchendiener sie in einem Loch außerhalb des Dorfes vergraben hat. Das Fremde lässt sich nicht ausmerzen und hinterlässt eine Spur, die den Kirchendiener zutiefst beunruhigt: „Als der Kirchendiener wieder im Dorf war, spürte er sein Herz nackt und starr zwischen den Rippen hängen." (MF 38)

Auch das Teufelskind wird seiner Andersartigkeit beraubt, indem der Lehrer „ihm die äußeren Daumen" abschneidet und „in ein Einweckglas mit Spiritus" (H 126) steckt. Später bestimmt der Lehrer, dass die Daumen auf den Friedhof müssten, da sie das Wachstum der anderen Kinder beeinträchtigten. Deshalb muss das Teufelskind „mit dem Lehrer nach der Schule auf den Friedhof gehen und seine Daumen begraben". (H 127)

Im Unterschied zum Apfelbaum, der radikal vernichtet wurde, findet beim Teufelskind der Versuch einer Integration in die Gesellschaft statt, indem man ihm die zusätzlichen Daumen abschneidet und es damit der Gemeinschaft anpasst. Die radikale Andersartigkeit, die Levinas dem anderen Menschen zugesteht, wird nicht als solche akzeptiert.

Das Fremde wird zugunsten des Normalen ausgemerzt, damit die ursprüngliche Ordnung wieder hergestellt ist.

Herta Müllers Anliegen ist es, die herrschende Ordnung zu untergraben und das Fremde, das in einer Gesellschaft auftaucht, nicht mehr als Problem, sondern als bereichernden Aspekt des Ganzen zu beschreiben. Damit rücken nicht nur Differenzen zwischen den Kulturen, sondern auch jene innerhalb einer Kultur in den Mittelpunkt. So entsteht ein „mehrdimensionales, dezentriertes, dynamisches, plurales oder auch multiples Bild von Kultur und Subjekt, von Identität und Kollektiv"[121]. Die Ambivalenz der Fremderfahrung wird als Möglichkeit der Bereicherung[122] gesehen und nicht ausschließlich als Gefahr interpretiert. Bereichernd insofern, als sie zum Dialog des Eigenen mit dem Fremden herausfordert und damit zu neuen Entwicklungen verhelfen kann. Der Dialog mit dem Fremden ist Bernhard Waldenfels zufolge aber erst möglich, wenn die „klassische"

121 Bozzi, S. 30

122 Vgl. Wierlacher, Alois (Hg.): Kulturthema Fremdheit. Leitbegriffe und Problemfelder kulturwissenschaftlicher Fremdheitsforschung. München, 1993, S. 35

durch eine „moderne Ordnung"[123] ersetzt wird, das heißt, die „große und feste Ordnung [sich] in eine Vielzahl von Ordnungen [...] zerfasert".[124]

123 Waldenfels, 2006, S. 80

124 Ebda., S. 82

7 Fremdheit und Weiblichkeit

Herta Müller thematisiert in ihren Texten häufig den Zusammenhang von Geschlechtlichkeit und Exklusion. Im vorangegangenen Abschnitt wurde das Thema Weiblichkeit bereits angesprochen. Im folgenden Kapitel werden die verschiedenen Mechanismen der Frauenverachtung und -unterdrückung im Mittelpunkt der Darstellung stehen.
Zunächst erfolgt allerdings eine Beschreibung des patriarchalen Systems, das die Diskriminierung der Frau bedingt. Da der Themenkreis *Fremdheit und Geschlechtlichkeit* in dem Roman *Atemschaukel* vor allem im Zusammenhang mit der Homosexualität des männlichen Protagonisten Erwähnung findet, wird dieser Bereich in einem Exkurs, der sich dem folgenden Kapitel anschließt, gesondert erörtert.

7.1 Geschlechterordnungen

Die im Werk Herta Müllers geschilderte patriarchale Geschlechterordnung, die auf dem logozentristischen Denken in binären Oppositionen basiert, produziert eine Dichotomie, die das Männliche positiv und das Weibliche negativ markiert. Diese Spaltung entspricht auch der Unterscheidung von Vernunft (= männlich) und Gefühl (= weiblich), die eine zentrale Unterdrückungsstrategie darstellt. Weiblichkeit wird mit Irrationalität und mit Andersartigkeit assoziiert. Der Mann stellt innerhalb der patriarchalen Systeme die Norm dar. Die Frau als das *Andere* wird als eine Art minderwertiger, unvollständiger oder verstümmelter Mann eingestuft.
Lacan fasst die Bedeutung der Frau in der symbolischen Ordnung in der Formel *La femme n'existe pas* zusammen und schließt sie mit folgenden Worten aus dem herrschenden Diskurs aus: „Sie [die Frauen] wissen nicht, was sie sagen und das ist der ganze Unterschied zwischen ihnen und mir.“[125]

---

125 Lacan, Jacques: Encore. Le séminaire livre XX. Paris, 1975, S. 68; zitiert nach: Weber, S. 20

7.1.1 Patriarchale Machtverhältnisse

Herta Müller entwirft in ihren Schilderungen patriarchaler Machtverhältnisse fast ausschließlich ein negatives Männerbild. Sowohl die Beziehung zum Vater als auch zum Ehemann oder Geliebten werden als wenig geglückt dargestellt.[126] Vor allem in den frühen Texten dominiert ein negatives Vater- und Männerbild. Der Vater wird fast immer mit dem Krieg und nationalsozialistischem Gedankengut in Verbindung gebracht. Die „Lieder für den Führer" (H 71) spielen dabei eine wichtige Rolle. Er taucht als „heimgekehrter SS-Soldat, der Friedhöfe gemacht und die Orte schnell verlassen hat" (H 74) auf. Der Vater hat sich nicht entwickelt. Er propagiert immer noch völlig unreflektiert die Werte des Nationalsozialismus. Häufig werden auch gewaltbereite Männer, die keine Angehörigen der Erzählfigur sind, erwähnt.
In der Erzählung *Niederungen* werden beispielsweise Männer beschrieben, für die es eine Selbstverständlichkeit ist, die Dorfhunde totzuprügeln. (vgl. N 23) Sie versuchen ihre Minderwertigkeitskomplexe in der Gewalt gegen Schwächere zu kompensieren und zeugen damit von der Verrohung, die in der Gesellschaft um sich greift.
Die Marginalisierung geschlechtlich Anderer wurde bereits im Abschnitt über die soziale Ordnung auf dem Dorf thematisiert. Ein Zusammenhang zwischen Ethnozentrismus und Patriarchat ist nicht von der Hand zu weisen. Der von Lacan postulierte Ausschluss der Frauen aus der symbolischen Ordnung stützt die männliche Herrschaft. Bei Müller werden die Auswirkungen dieser Machtmechanismen ausführlich beschrieben. Während Männer als diskursprägende Elite gelten, werden Frauen im Werk Herta Müllers weitgehend als Opfer männlicher Zurichtung dargestellt. Sie gelten in der patriarchalen Gesellschaft als wichtigster männlicher Besitz, dessen Wert sich über ihre „sittlichen und hauswirtschaftlichen Eigenschaften und Fähigkeiten"[127] definiert.

---

126 Der Vater spielt vor allem in den frühen Schriften, wie beispielsweise in verschiedenen Erzählungen der *Niederungen,* eine entscheidende Rolle. Hier wird er häufig mit den nationalsozialistischen Verbrechen in Verbindung gebracht. Die problematische Beziehung zum Ehemann wird u.a. in *Heute wär ich mir lieber nicht begegnet* thematisiert. In *Herztier* ist es der Geliebte (sowohl bei Lola als auch bei Tereza), der den Tod der Geliebten (mit)verschuldet.

127 Patrut, S. 133

In *Der Mensch ist ein großer Fasan auf der Welt* schreibt der Schwager des Kürschners aus Deutschland:

> „‚Hier sind die Frauen nichts wert [...]. Sie können nicht kochen. Meine Frau muß der Hausbesitzerin die Hühner schlachten. Die Dame weigert sich, das Blut und die Leber zu essen. Sie wirft den Magen und die Milz weg. Außerdem raucht sie den ganzen Tag und läßt alle Männer ran.' ‚Die schlechteste Schwäbin', hat der Kürschner gesagt, ‚ist immer noch mehr wert, als die beste Deutsche von dort.'" (MF 42)

Auch in *Die kleine Utopie vom Tod* geht Müller auf das vorherrschende Frauenbild ein. Die Großmutter der Erzählfigur tritt selbst als Erzählerin auf und beschreibt, wie sie den Geschlechtsverkehr mit ihrem Mann empfand:

> „Großvater wachte auf, als es schon dämmerte. Er stieg auf mich. Ich spürte unter meinem Bauch ein hartes Feld. Großvater hetzte über seine Erde und er pflügte mich. Als er stockend keuchte, wußte ich: Jetzt streut er seinen Gurkensamen aus. Der Damast verhüllte mich und glänzte matt. [...] Großvater gähnte und zog einen Stuhl voll Kleidern an. Er schaute in das Zucken seiner goldenen Taschenuhr und ging im Morgengraun in den Schatten der Register, in die Evidenzen, in die genauen Zahlen seiner Knechte. Stumm und erntesüchtig bewachte er sein Feld auf dem Papier." (BF 38)

Die Großmutter wird zum „Feld" des Großvaters, in das er seinen „Gurkensamen" streut. Die Beziehung ist nicht durch Gefühle, sondern durch ihre Zweckmäßigkeit geprägt. Nach dem Beischlaf begibt sich der Großvater auch gleich auf sein Feld, um „erntesüchtig" darüber zu wachen. Die Frau und das Feld werden gleichgesetzt, denn in beide streut der Mann Samen und erwartet eine Ernte. Die Großmutter muss sich zwangsläufig in dieser Situation zurechtfinden, da dies der gesellschaftlichen Norm entspricht.

Das Verhalten der angepassten Frauen in der banatschwäbischen Gemeinschaft ist Herta Müller zufolge geprägt von Passivität und Selbstunterwerfung. Vor allem die Mutter und die Großmutter reproduzieren patriarchale Machtverhältnisse, indem sie die ihnen zugewiesene Rolle im Geschlechterdiskurs passiv und schweigend hinnehmen.

Das zu Beginn der feministischen Debatte häufig zitierte „geschlechterdichotome Täter-Opfer-Modell"[128] gerät zur Tatsachen verzerrenden Illusion, wenn

128 Bozzi, S. 83

Frauen nicht nur als unschuldige Opfer, sondern auch als Mittäter charakterisiert werden:

> „Mutter brachte jeden Mittag warme, kuhwarme Milch in die Küche. Ich fragte sie, ob auch sie traurig wäre, wenn man mich ihr wegnehmen, mich schlachten würde. Ich fiel an die Kastentür, ich hatte eine blaue Beule an der Stirn, ich hatte eine geschwollene Oberlippe und einen violetten Fleck auf dem Arm. All das von der Ohrfeige.
> Mutter sagte, jetzt ist endlich genug geheult. Ich mußte augenblicklich mit dem Schluchzen aufhören und im nächsten Augenblick freundlich mit Mutter reden. Kinder dürfen den Eltern nichts nachtragen, denn alles, was Eltern tun, verdienen die Kinder nicht anders. Ich mußte laut und freiwillig einsehen, daß ich die Ohrfeige verdient hatte, daß es schade sei um jeden Hieb, der daneben gehe. Großmutter brachte schon den großen Besen. Es war eine Schale aus dem Kasten gestürzt, als ich darangefallen war. Großmutter begann zu kehren.
> Mutter riß ihr den Besen aus der Hand und stemmte ihn vor mich hin. Ich kehrte die Scherben auf und sah die Küche ganz verschwommen zwischen vielen Tränen." (N 59f.)

Familiäre Gewalt ist ein häufiges Phänomen. Der Vater schlägt die Mutter (vgl. N 20) und das Kind. Darüber hinaus quält er Tiere (vgl. N 56). Aber auch die weiblichen Familienmitglieder wenden häufig Gewalt an. Gefühlsäußerungen, wie beispielsweise das Weinen, sind verboten:

> „[I]ch wußte, daß man in diesem Haus nicht ohne Grund weinen durfte. Mutter prügelte mich manchmal, wenn ich weinte, und sagte dabei, na, jetzt hast du auch mal endlich einen Grund." (N 45)

Die Mutter weiß nicht, wie sie mit den Emotionen ihrer Tochter umgehen soll, weil sie selbst keine gewaltfreie Möglichkeit des Umgangs mit Gefühlen kennengelernt hat.

Wo die Kommunikation versagt, weil Emotionen und sprachlichem Vermögen keinerlei Bedeutung beigemessen werden, wird körperliche Gewalt zum Mittel der Wahl. Die Erzählfiguren zahlreicher Romane und Erzählungen von Herta Müller leiden stets unter dieser begrenzten Perspektive.

Die Problematik der existenziellen Enge, die sich aus den überkommenen Strukturen dörflicher Ordnung, insbesondere für Frauen ergibt, findet ihren literarischen Niederschlag in der Sackmetapher, die sowohl die *Niederungen* als auch *Herztier* durchzieht. Die Enge des Sackes wird in den *Niederungen* folgendermaßen beschrieben:

> „Meine Ärmel, meine Hosenbeine waren wie ein Sack. Meine ganzen Kleider waren wie ein Sack. Das ganze Zimmer war wie ein Sack. Ich selber war wie ein Sack." (N 31)

Im Dorf wird es „überall sackdunkel und totenstill" (N 47). Ein Zusammenhang zwischen Sack und Tod wird später auch in *Herztier* hergestellt.
In einer besonders bedrückenden Situation möchte sich die Erzählerin in die Enge eines Sackes zurückziehen, um Handlungsimpulse zu unterdrücken:

> „Ich hatte Angst. [...] Ich zog die Ärmel meiner Bluse weit herab über die Hände und hielt sie mit den Fingern von innen zu wie einen verschnürten Sack. Ich mußte eine Weile mit verschnürten Ärmeln dastehen, um nicht handgreiflich zu werden, um nicht zu kratzen und zu würgen." (N 57)

Das Kind fürchtet, „handgreiflich zu werden", und unterdrückt diese Angst, indem es sich selbst „verschnürt". Angst und Enge, etymologisch verwandt, finden häufig im Bild des Sackes ihren Ausdruck.
Auch in *Herztier* wird die Sackmetapher im Zusammenhang mit der dörflichen Herkunftswelt des Erzähler-Ichs häufig erwähnt (u.a. H 51, 55, 113, 251). Der Sack kann auch für den Tod stehen:

> „Der Sack mit dem Fluß gehörte mir nicht. Er gehörte niemandem von uns. Der Sack mit dem Fenster gehörte nicht mir. Er gehörte später Georg. Der Sack mit dem Strick gehörte noch später Kurt." (H 113)

Georg wird in Frankfurt aus dem Fenster stürzen. Die genauen Umstände seines Todes werden nie geklärt. Kurt wird sich erhängen, weil er die Enge und die Angst nicht mehr erträgt. So trägt jeder bereits im Leben die Last seines eigenen Todes.

7.1.2 Sexualität und Gewalt

Innerhalb der geschilderten Geschlechterordnung wird die Frau häufig als reines Objekt männlichen Begehrens charakterisiert. Es gibt keinerlei Hinweise auf die Liebe als Gefühlsbeziehung. Stattdessen dominieren Bilder dumpfer Körperlichkeit und gewaltsam erlebter Sexualität.
In einem Gassenhauer, der dem Müller Windisch auf der Straße zu Ohren kommt, wird die gefühllose Sexualität, die sich lediglich auf die kurzfristige körperliche Lustbefriedigung beschränkt, propagiert:

„Einst fuhr ich nach Berlin, die schöne Stadt zu gsiehn. Tirihaholala die ganze Nacht. [...] Sollst mir dein Tochter schicken, ich will sie einmal ficken. Tirihaholala die ganze Nacht. [...] Mein Herr, das schickt sich nicht, mein Tochter fickt sich nicht. Tirihaholala die ganze Nacht. [...] O Mutter, laß mich doch, warum hab ich mein Loch. Tirihaholala die ganze Nacht. [...] O Mutter, borg mir deine, die meine ist zu kleine. Tirihaholala die ganze Nacht. [...] Ich kann sie dir nicht borgen, dein Vater braucht sie morgen. Tirihaholala die ganze Nacht." (F 38f.)

Das Lied beschreibt eine Situation, die sich so ähnlich auch für Windisch ergeben wird. Allerdings gibt der Gassenhauer die männliche Sicht wieder, die vorsieht, dass die Tochter es ausdrücklich wünscht, sexuelle Erfahrungen zu sammeln. Dies ist bei Amalie Windisch keineswegs der Fall.

In *Der Mensch ist ein großer Fasan auf der Welt* sind die Männer bereit, ihre Frauen und Töchter als Sexualobjekte preiszugeben, um an die für die Ausreisegenehmigung erforderlichen Papiere zu kommen. Sowohl rumänische als auch deutsche Verantwortliche werden auf diese Weise bestochen:

„Der Nachtwächter hat Windisch erzählt, daß der Pfarrer in der Sakristei ein Eisenbett stehen hat. In diesem Bett sucht er mit den Frauen die Taufscheine. ‚Wenn's gutgeht', hat der Nachtwächter gesagt ‚sucht er den Taufschein fünfmal. Wenn er gründliche Arbeit leistet, sucht er sie zehnmal. Der Milizmann verliert und verlegt bei manchen Familien siebenmal die Gesuche und die Stempelmarken. Er sucht sie mit den Frauen, die auswandern wollen, im Lagerraum der Post, auf der Matratze. [...] Deine Frau [...] ist ihm zu alt. Deine Kathi läßt er in Ruh. Aber deine Tochter kommt auch noch dran. Der Pfarrer macht sie katholisch, und der Milizmann macht sie staatenlos. Die Postfrau gibt dem Milizmann den Schlüssel, wenn er im Lagerraum Arbeit hat.' [...] ‚Das soll er sich erlauben', hat [Windisch] gesagt. ‚Er kriegt Mehl, aber meine Tochter kriegt er nicht.'" (MF 51)

Zunächst will Windisch seine Tochter vor dem Zugriff durch den Dorfpolizisten und den Pfarrer bewahren. Als sich allerdings herausstellt, dass er nur auf diese Art und Weise an eine Ausreisegenehmigung für sich und seine Familie kommt, lässt er es stillschweigend zu, dass seine Tochter sexuell benutzt wird:

„Die Vorbeterin bleibt am Heldenkreuz stehn. [...] Sie schaut Windisch an. [...] ‚Amalie soll am Samstagnachmittag zum Pfarrer kommen', sagt sie, ‚damit der Pfarrer ihr den Taufschein im Register sucht.' Windischs Frau beendet das Gebet. Sie geht zwei Schritte. Sie stellt sich vors Gesicht der Vorbeterin. ‚Das mit dem Taufschein wird wohl nicht so dringend sein', sagt sie. ‚Sehr dringend', sagt die Vorbeterin. ‚Der Milizmann hat dem Pfarrer gesagt, daß eure Pässe fertig ausgestellt beim Paßamt liegen.'" (MF 98)

Windisch versucht zwar noch den Zeitpunkt des Treffens mit dem Pfarrer hinauszuzögern: „Sie kann vom Bahnhof nicht direkt zum Pfarrer gehen." (MF 98) Verhindern möchte er es aber nicht mehr. Kurz vor der Ausreise sitzt die sexuell missbrauchte Amalie weinend in ihrem Zimmer und erinnert sich an die Vergewaltigungen. Als Windisch eintritt, deutet er Amalies Tränen falsch:

> „‚Bist du taub', sagt er. Er hält Amalie den großen Koffer hin. Amalie dreht das Gesicht zur Tür. Ihre Wangen sind naß. ‚Ich weiß', sagt Windisch, ‚Abschiede sind schwer.' Er ist sehr groß im leeren Zimmer. ‚Jetzt ist es wieder wie im Krieg', sagt er. ‚Man geht und weiß nicht, ob und wie und wann man wiederkommt.'" (MF 104)

Die Tatsache, dass seine Tochter sexuell missbraucht wurde, verdrängt der Müller.

Auch in *Herztier* wird der sexuelle Missbrauch verdrängt. Lola, die vom Turnlehrer vergewaltigt wird, ist nicht Opfer, sondern Täter. Sie alleine trägt die Schuld an ihrem Selbstmord und wird sogar noch posthum aus der Universität ausgeschlossen.

Auffällig ist auch der Umgang der Frauen selbst mit dem eigenen Körper. Hier fehlt jegliche Vertrautheit und Offenheit. Vielmehr wird dem eigenen Körper mit Scham und Abscheu begegnet. Diese Gefühle verweisen auf eine ausgeprägte „Körperfremdheit"[129], die das Verhältnis zum eigenen Leib bestimmt. Daraus ergibt sich auch das häufig zitierte Spiegelverbot:

> „Und am Mittag lockern sie die Schnüre ihrer Schürzen und Kittel, lassen sie zu Boden fallen und nehmen ihre schwarzen Kleider aus den Schränken. Und wenn sie an die Schränke gehen, schauen sie hinauf zur Zimmerdecke, um sich nicht nackt zu sehen, denn in jedem Zimmer des Hauses kann irgendetwas geschehen, was man Schande oder unkeusch nennt. Man muß bloß nackt in den Spiegel schauen oder beim Strümpfehochrollen daran denken, daß man seine Haut berührt. In Kleidern ist man ein Mensch, und ohne Kleider ist man keiner." (N 60)

Der eigene Körper darf nicht lustvoll erfahren werden. Weibliche Autoerotik als Möglichkeit der Selbstfindung und der Flucht aus der gewaltsam erlebten patriarchalen Ordnung wird innerhalb der männlich geprägten Gesellschaft verurteilt. Damit wird dem weiblichen Subjekt auch dieser Freiheitsraum versagt.

---

129 Bozzi, S. 86

Im Spiegelverbot der Großmutter wird der weiblichen Erzählerin bereits früh eine traditionelle Auffassung von Weiblichkeit vermittelt:

> „‚Der Teufel sitzt im Spiegel', sagte meine Großmutter, wenn ich als Kind in den Spiegel schaute. Wenn ich leichtfüßig dastand, sogar ein bißchen froh mit mir, wer weiß weshalb, ich wußte damals schon, das wird nicht halten, wenn ich also vor dem Spiegel stand, vielleicht ganz leise summte, sagte meine Großmutter: ‚Den Vogel, der morgens singt, frißt die Katz.'" (TS 22)

Bei der Betrachtung des eigenen Spiegelbildes kommt es zu einem kritischen Augenblick, in dem kurzzeitig das Subjekt des Unbewussten, das wahre Subjekt aufleuchtet, das Lacan immer nur als ein Futurum exactum, ein „Es-wird-gewesen-Sein" auffasst.[130]

Die Großmutter weist auf die Gefahren der Selbstbespiegelung hin, die mit Selbstliebe, Eitelkeit und erwachender weiblicher Sexualität in Verbindung gebracht wird. Sie möchte verhindern, dass die Enkelin sich selbst wahrnimmt. Persönliche Identität ist keine individuelle Frage, sondern erfolgt entsprechend traditioneller Muster. Das Individuelle darf sich gegenüber der Gemeinde nicht behaupten. In den *Niederungen* wird die Problematik weiblicher Identitätsentwürfe besonders häufig thematisiert (u.a. N 19, 20, 31, 35, 41). Frauen werden insbesondere auf ihre Mutterrolle reduziert und „müssen ihre Individualität opfern, um den Erhalt der Gruppe zu sichern"[131].

Durch die Mutterschaft wird der weibliche Körper nach landläufiger Meinung allerdings seiner Schönheit beraubt:

> „Seitdem es mich gibt, sind Mutters Brüste schlaff, seitdem es mich gibt, hat Mutter kranke Beine, seitdem es mich gibt, hat Mutter einen Hängebauch, seitdem es mich gibt, hat Mutter Hämorrhoiden und quält sich stöhnend auf dem Klo. Seitdem es mich gibt, spricht Mutter von meiner Dankbarkeit als Kind und kommt ins Weinen und kratzt sich mit den Fingernägeln der einen Hand an den Fingernägeln der anderen. Ihre Finger sind rissig und hart." (N 20)

Die Frau erlebt ihre Mutterrolle nicht positiv, sondern sieht sich als Opfer des körperlichen Verfalls, für den das Kind die einzige Ursache ist. Sie ist krank, er-

---

130 Vgl. Lacan, Jacques: Subversion des Subjekts und Dialektik des Begehrens im Freudschen Unbewußten. In: Ders.: Das Seminar von Jacques Lacan. Buch II (1954-55). Das Ich in der Theorie Freuds und in der Technik der Psychoanalyse (= Sem II), Olten, 1975, S. 165-204, hier S. 183

131 Bozzi, S. 71

schöpft und verhärmt und macht allein das Kind dafür verantwortlich. Als Gegenleistung erwartet sie die „Dankbarkeit" des Kindes, die diese aber wohl nie so aufbringen wird, wie die Mutter es wünscht. Daraus ergibt sich eine gesteigerte Frustration, die sie erneut am Kind auslässt. Eine positive Sicht der Mutterschaft ist in der Gesellschaft offensichtlich unüblich, denn die Vorwürfe an die Kinder setzen sich von Generation zu Generation fort.

7.2 Das Weiblich-Andere

Das Ziel Herta Müllers ist es, patriarchale Dualismen, die auf dem Gegensatz von Männlichkeit und Weiblichkeit basieren, aufzulösen und Verbindungen herzustellen, die auf Differenz und nicht auf sich gegenseitig ausschließenden Begriffen gründen. Der Unterschied zwischen Gegensatz und Differenz beruht darauf, dass der Begriff Differenz die Unterschiedlichkeit zwar akzeptiert, aber nicht für hierarchische Konstrukte genutzt wird. Differenz im feministischen Sinne verzichtet auf Ideologie und Wertungen und ist bestrebt, die Autonomie der beiden Teile, zwischen denen sie besteht, zu wahren.

7.2.1 Erfahrungen von Differenz

Im Mittelpunkt der feministischen Theoriebildung der 1980er Jahre steht das Thema der Geschlechterdifferenz. Das zentrale Anliegen dieses feministischen Ansatzes besteht in der Auflösung binärer Strukturen, die für das Patriarchat typisch sind. So sollen beispielsweise hierarchische Beziehungen zwischen rational/irrational, Subjekt/Objekt oder Verstand/Gefühl[132] aufgebrochen und durch alternative Konzepte ersetzt werden. Geschlechterdifferentes Denken nimmt die Unterschiedlichkeit der Geschlechter zwar wahr, leitet daraus aber keine hierarchischen Konstrukte ab. Ziel des Differenzdenkens ist es keineswegs, die bisherigen Ordnungen umzukehren, sondern sie zu untergraben und alternative Mög-

132 Zur Problematik starrer Geschlechterdichotomien, vgl. Jay, Nancy: Geschlechterdifferenzierung und dichotomes Denken. In: Schaeffer-Hegel, Barbara; Watson-Franke, Barbara (Hg.): Männer Mythos Wissenschaft. Grundlagentexte zur feministischen Wissenschaftskritik. Pfaffenweiler, 1988, S. 245-262

lichkeiten zum geschlechterdichotomen Denken aufzuzeigen, denn „die einzige Alternative zu der *einen* Ordnung [ist] die Unordnung."[133]

Die Vertreterinnen der Differenzhypothese akzentuieren die „Andersartigkeit der Frau in Wahrnehmung, Denken und Fühlen" und diffamieren „die Gleichheitshypothese als Versuch der Vermännlichung der Frau".[134]

Geschlechterdifferentes Denken begegnet uns in den Texten Herta Müllers vor allem in Form von Kritik am vorherrschenden Androzentrismus. Abweichende Erfahrungen von Frauen sollen nicht mehr unberücksichtigt bleiben, sondern offen kenntlich gemacht werden.

Ein Beispiel für spezifisch weibliches Erleben stellt die wiederholte Schilderung weiblicher Autoerotik dar. In *Der Mensch ist ein großer Fasan auf der Welt* zieht Windischs Frau die Selbstbefriedigung dem Geschlechtsverkehr mit ihrem Mann vor.

Auch die häufig wiederkehrende Abtreibungsthematik in Müllers Texten verweist auf eine vom androzentrischen Diskurs abweichende Erfahrungswelt.

Auf staatlicher Ebene werden Frauen sehr stark auf ihren Körper reduziert und zu „Gebärmaschinen degradiert". (HS 78) Der reale Sozialismus unter Diktator Nicolae Ceaușescu gewährte ihnen zwar offiziell die Gleichberechtigung gegenüber den Männern, doch war diese nur vorgetäuscht. (vgl. HS 102f.) Ab den siebziger Jahren wurden Frauen auf staatliche Weisung hin dazu verpflichtet, möglichst viele Kinder zu gebären, da die Geburtenrate spürbar gesunken war und Ceaușescu um den Fortbestand seiner Untertanen fürchtete. Eine Abtreibung war nur jenen Frauen gestattet, die bereits fünf Kinder geboren hatten oder älter als 45 Jahre alt waren. Herta Müller thematisiert dieses Verbot der Abtreibung an mehreren Stellen, u.a. in den Essays *Hunger und Seide, Männer und Frauen* (HS 65-87), in den Erzählungen *Der Tau auf den Depots* (BF 75f.) und *Damit du nie ins Herz der Welt gerissen wirst* (BF 80f.) sowie in *Herztier.*

In den Essays spricht sich Müller konsequent für eine Aufhebung des Abtreibungsverbotes aus. Mit dieser Meinung steht sie allerdings alleine da. Als es bei einer schulinternen Sitzung darum geht, eine schwangere Schülerin von der Schule zu verweisen, stimmt sie als einzige dagegen. Selbst die weibliche Schulleitung spricht sich gegen jegliche weibliche Selbstbestimmung aus. Besonders

133 Ebda., S. 261

134 Weber, S. 6

radikal schildert Müller den Fall einer schwangeren „Medizinstudentin im letzten Studienjahr" (HS 79). Als sie nach einer selbst vorgenommenen Abtreibung hohes Fieber bekommt, nimmt sie sich aus Furcht vor den Untersuchungen im Krankenhaus und der drohenden Gefängnisstrafe das Leben. In Anlehnung an diesen Fall hat Müller wohl auch Lolas Selbstmord in *Herztier* konzipiert.

Müller plädiert an vielen Stellen für die sexuelle Selbstbestimmung der Frau. Einer jungen Kollegin, die angesichts ihrer dritten Schwangerschaft verzweifelt ist, rät sie zur Abtreibung: „Ich nehme die Pille. Ich habe zwei Abtreibungen selbst gemacht, ich selbst, verstehst du?" (HS 79)

Mit derartigen Aussagen spricht sie sich auch für eine Entkoppelung von Sexualität und reproduktiver Funktion aus. Die Forderung nach angstfrei erlebter Sexualität verhallte innerhalb der patriarchalisch geprägten Ordnung im sozialistischen Staat jedoch ungehört.

Geschlechterdifferentes Denken findet im Werk Müllers aber nicht nur in der Wahl ihrer Themen seinen Niederschlag. Auch im Bereich der Sprache manifestieren sich Spuren des Weiblichen.

Julia Kristeva charakterisiert in ihrer Theorie vom doppelten Ursprung das Subjekt als gespaltenes Subjekt, das durch ein Zusammenspiel von Trieb-Subjekt und Sprach-Subjekt bestimmt ist. Entsprechend überträgt Kristeva dieses Wechselspiel auf ihre Texttheorie. Dichterische Sprache konstituiert sich demnach über eine „Fusion von Symbolischem und Semiotischem"[135]. Der semiotische (weibliche) Aspekt umfasst beispielsweise Rhythmus, Stimmklang und die graphische Textgestaltung.[136]

Wendet man Kristevas Texttheorie auf die Texte Herta Müllers an, so stellt man fest, dass die *dichterische Sprache* Müllers sehr stark vom semiotischen Aspekt, den Kristeva mit Mütterlichkeit, Weiblichkeit und Fremdheit assoziiert, geprägt ist. Die Sprache des Individuums wird so zu einem verfeinerten Code, der Rhythmen und Klänge beinhaltet, um subjektives Verständnis, eigene Gefühle und Gedanken zu fassen und sie außerhalb des einheitlichen Codes der symbolischen Ordnung zu stellen.

Die Sprache Herta Müllers wird von einer Rhythmik und Musikalität bestimmt, die vor allem durch leitmotivisch wiederkehrende Wörter (z.B. „Nuss", „grüne

135 Kupke, S. 229

136 Vgl. ebda., S. 228

Pflaumen“ in *Herztier*), Parallelismen und Wiederholungen mit und ohne Variation zustande kommt.[137]
Die ebenfalls dem semiotischen Aspekt der Sprache zugehörige graphische Gestaltung von Texten findet ihren extremen Ausdruck in den Collagen, die sogar Bilder oder Bildteile in den Text miteinbeziehen. Diese Praxis trägt zum Bruch sprachlicher Verfestigungen bei. Damit findet eine starke Entstellung der symbolischen Ordnung statt, die durch diesen subversiven Vorgang aber auch aufrechterhalten werden kann.[138]

7.2.2 Alternative Orte und Seinsweisen des Weiblichen

Innerhalb der patriarchalen Ordnung tritt das Weibliche bei Herta Müller vorrangig unter zwei Gesichtspunkten in Erscheinung: Die Frau als Hausfrau und Familienmensch oder als „Liebhaberin bzw. Hure“.[139] Beide Aspekte zielen auf die Unterdrückung der Frau ab. Während die Haus- und Familienfrau eher über Unterordnung und Abhängigkeit vom männlichen Hausvorstand definiert ist, wird der Liebhaberin immer wieder unzivilisiertes Verhalten vorgeworfen. Lola wird nach ihrem Selbstmord, den sie aufgrund einer Affäre mit ihrem Turnlehrer begangen hat, aus jeglichen sozialen Bezugssystemen ausgeschlossen:

> „Die erhängte Lola wurde zwei Tage später am Nachmittag um vier Uhr in der großen Aula aus der Partei ausgeschlossen und von der Hochschule exmatrikuliert. Hunderte waren dabei. Jemand stand hinter dem Rednerpult und sagte: Sie hat uns alle getäuscht, sie verdient es nicht, Studentin unseres Landes und Mitglied unserer Partei zu sein. Alle klatschten.“ (H 32)

Das stumme Einverständnis der versammelten Studentenschaft beruht auf der Angst vor dem Ausschluss aus dem Bezugssystem Universität. Lola wird posthum aus der Partei ausgeschlossen und verurteilt:

> „Diese Studentin hat Selbstmord begangen. Wir verabscheuen ihre Tat und verachten sie. Es ist eine Schande für das ganze Land.“ (H 30)

Die Ursachen für Lolas Selbstmord spielen keinerlei Rolle. Dass sie vergewaltigt, d.h. ein Verbrechen an ihr verübt wurde, steht nicht zur Debatte. Ihr Geschlecht

---

137 Vgl. Haupt-Cucuiu, S. 51

138 Vgl. Kupke, S. 229

139 Bozzi, S. 71

und ihre Herkunft aus armen Verhältnissen führen dazu, dass sie in doppelter Hinsicht marginalisiert wird.
An dieser Stelle lassen sich Verknüpfungen zur ethnozentristischen Sicht herstellen. Ethnisch Fremde werden ebenso abgewertet wie geschlechtlich Andere: „Die Juden und die Weiber verderben alles." (F 77)
Herta Müller beobachtet diese chauvinistischen Praktiken und gibt sie in ihren Texten wie ein Spiegel wieder. Damit verstößt sie gegen das von der Gesellschaft gesetzte Verbot der Selbstwahrnehmung. Neben diesem Tabubruch zeigt sie in ihrem Schreiben eine weitere Geste des Widerstands gegen überkommene gesellschaftliche Konventionen.
An zahlreichen Stellen ihres Werkes greift Müller alternative Orte und Seinsweisen des Weiblichen auf. In dem Roman *Reisende auf einem Bein* schildert sie das Schicksal der Aussiedlerin Irene, der eine Lebensweise eignet, die ganz und gar nicht in die traditionelle Geschlechterordnung passt. Ihr Leben ist geprägt von einem Zustand des Umherstreifens und der Ortlosigkeit. Selbst als sie in der Stadt Berlin angekommen ist, wandelt sie weiter ort- und ziellos umher. Sie wird zur Flaneurin.[140]
Diese Lebensform gilt als zutiefst männlich, da Frauen traditionell das Haus und Männern der öffentliche Raum zugewiesen war. Auch Walter Benjamins Definition schließt Frauen aus dem Konzept des Flaneurs aus. Für ihn ist der Flaneur ein „Mann der Menge", der in ihr die Einsamkeit sucht und sich „wie ein Kundiger"[141] darin bewegt, dabei aber stets ein „Unbekannte[r]"[142] bleibt. Auch Irene streift durch die Straßen und nimmt Einzelheiten wahr, die den anderen Passanten verborgen bleiben. Wie der Flaneur bei Benjamin verbringt Irene viel Zeit in Läden (u.a. RB 52, 75, 127) und Kaufhäusern „ohne etwas zu kaufen noch auch zu sprechen".[143] Ihre Eindrücke hält Irene bisweilen auch in geschriebener Form fest. An Franz schreibt sie beispielsweise eine Karte folgenden Inhalts:

> „Franz, ich liege im Park in der Sonne. Eine Witwe führt eine Schildkröte an der Leine, die ein weißer Faden ist, spazieren. Das Gesicht der Witwe ist müde, wenn sie im

140 Vgl. Bozzi, 92f.
141 Benjamin, Walter: Gesammelte Schriften Bd. I – 2. Abhandlungen. Frankfurt/Main, 1991, S. 557
142 Benjamin, S. 550
143 Benjamin, S. 557

Schatten geht. Und wenn sie in der Sonne geht, ist es alt. Es ist viel Ruhe in ihrem Gesicht. Ich hab die Witwe mit der Schildkröte schon mal gesehen. Im gleichen Park unter den gleichen Bäumen. Vielleicht war es in dem anderen Land oder in einer anderen Stadt. Vielleicht in einem Film. Mag sein, ich habe mir die beiden nur vorgestellt, und tu es jetzt auch. Doch, daß sie überwintert haben, wundert mich." (RB 109)

Irene scheint sich nach der Ruhe, die die Frau mit der Schildkröte ausstrahlt, zu sehnen. Sie kommen ihr bekannt vor. Das verminderte Tempo erscheint ihr richtig. Sie wundert sich andererseits darüber, dass es die beiden noch gibt. Auch diese Stelle erinnert an Benjamins Flaneur-Text:

„Um 1840 gehörte es vorübergehend zum guten Ton, Schildkröten in den Passagen spazieren zu führen. Der Flaneur ließ sich gern sein Tempo von ihnen vorschreiben. Wäre es nach ihm gegangen, so hätte der Fortschritt diesen pas lernen müssen."[144]

Auch die Erzählfigur in *Herztier* wird zur Streunerin (H 46, 58).

Die Frau als Intellektuelle stellt ebenfalls ein Novum dar, wird weibliches Wissen innerhalb der patriarchalen Ordnung auf dem Dorf doch stark abgewertet. Frauen werden üblicherweise aus dem männlichen Diskurs ausgeschlossen. Die Mutter schreibt an ihre Tochter, die in der Stadt studiert:

„Der Frisör hat ja früher in der Stadt frisiert und damals schon gesagt, daß geschulte Weiber so schlecht wie Spucke sind. Aber man meint halt, das eigene Kind wird nicht so." (H 175)

Selbst das Lesen wird als wertloser Zeitvertreib abgetan. In den *Niederungen* wird eine Frau, die sich nicht wie die eigene Mutter entsprechend der Norm verhält, von der Dorfgemeinschaft verurteilt:

„Mutter kam aus dem Schuften nicht heraus. Die Dorfleute lobten sie aber nicht für ihren Fleiß. Nur über die Nachbarin redeten sie, daß sie nichts wert sei, daß sie am hellen Tage Bücher lese, daß der ganze Haushalt bei ihr Purzelbaum schlage und daß ihr Mann auch nicht mehr wert sei als sie, weil er das alles dulde." (N 69)

Die Vorstellung, dass eine Frau sich nicht ausschließlich dem Haushalt widmet und dass ihr Ehemann dies auch akzeptiert, ist den Dorfbewohnern völlig fremd.

---

144 Benjamin, S. 556f.

7.3 Exkurs: Homosexualität als alteritäre Seinsweise

In ihrem 2009 erschienenen Roman *Atemschaukel* greift Müller die Verschleppung der Deutschen aus Rumänien in die Sowjetunion im Jahr 1945 auf. In Gesprächen mit Überlebenden, insbesondere mit dem Dichter Oskar Pastior, nähert sie sich dem Thema literarisch an. Die im Verborgenen ausgelebte Homosexualität des Protagonisten Leopold Auberg bildet die Rahmenerzählung des Romans.

Gleich zu Beginn des ersten Kapitels stellt die männliche Erzählfigur klar,

> „dass dieses Wegfahren zur rechten Zeit kommt. Es müsste nicht die Liste der Russen sein, aber wenn es nicht zu schlimm kommt, ist es für mich sogar gut. Ich wollte weg aus dem Fingerhut der kleinen Stadt, wo alle Steine Augen hatten." (A 7)

Die Enge („Fingerhut") und Beschränktheit sowie die Furcht vor Überwachung wecken in dem Siebzehnjährigen den Wunsch, auszubrechen. Die Ängste, die seine Angehörigen befallen, teilt er nicht, da sie die Zukunft betreffen. Er konzentriert seine Aufmerksamkeit auf ein Erlebnis, das in der Vergangenheit stattgefunden hat, und das er flieht:

> „Sie fürchteten, dass mir etwas zustößt in der Fremde. Ich wollte an einen Ort, der mich nicht kennt. Mir war bereits etwas zugestoßen. Etwas Verbotenes. Es war absonderlich, dreckig, schamlos und schön. Es passierte im Erlenpark ganz hinten jenseits der Kurzgrashügel." (A 8)

Leopold Auberg möchte Erlebnisse aus der Vergangenheit hinter sich lassen, weil sie nicht normgerecht sind. Die Zwiegespaltenheit und Zerrissenheit kommt in den Adjektiven „absonderlich, dreckig, schamlos" und „schön" zum Ausdruck. Instanzen, wie der Staat oder die Gesellschaft, beurteilen die Homosexualität ausgesprochen negativ – und Leopold ist ein Teil dieser Gesellschaft. Doch andererseits empfindet er das Ausleben seiner Sexualität als schön. Sein erstes homosexuelles Erlebnis beglückt und verstört den Jugendlichen also gleichermaßen. Er weiß, dass die Familie seine Homosexualität nicht akzeptieren kann, doch der Reiz des Verbotenen lässt ihn immer wieder in den Park, der vermutlich Bezug auf den historischen botanischen Garten in Sibiu (Hermannstadt) nimmt, zurückkehren:

„Auf dem Heimweg bin ich in die Parkmitte, in den runden Pavillon gegangen, wo an Feiertagen die Orchester spielten. Ich blieb eine Weile darin sitzen. Das Licht stach durchs feingeschnitzte Holz. Ich sah die Angst der leeren Kreise, Quadrate und Trapeze, verbunden durch weiße Ranken mit Krallen. Es war das Muster meiner Verirrung und das Muster des Entsetzens im Gesicht meiner Mutter. In diesem Pavillon habe ich mir geschworen: Ich komme nie mehr in diesen Park.
Je mehr ich mich davon abhielt, desto schneller ging ich wieder hin – nach zwei Tagen." (A 8)

Der „runde Pavillon" ist wohlgeformt, an „Feiertagen" spielen hier die „Orchester" – damit ist dieser Ort der Inbegriff eines Lebens, das in geordneten Bahnen verläuft. Im Gegensatz dazu nimmt Leo einen Einbruch des Fremdartigen in diese geordnete Welt wahr. Durch den Lichteinfall sieht er seine Angst vor dem Verlust der Ordnung und bekommt damit die Verwirrung vor Augen geführt, die in seinem Inneren vorherrscht. Die Bedrohlichkeit seiner Situation wird durch die „Krallen" angedeutet. Die Verzerrung und Fremdartigkeit erinnert den Protagonisten außerdem an die befürchtete Reaktion der Mutter. Doch trotz seines schlechten Gewissens, kann er seine sexuelle Identität nicht unterdrücken. Den Sommer verbringt Leopold mit verschiedenen Liebhabern. Ab Herbst, nachdem die Büsche ihre Blätter verlieren und die „Rendezvous" (A 8) nicht mehr im Verborgenen stattfinden können, finden die Treffen im „Neptunbad" (A 8) statt. Die Angst, dass sein Vater etwas von seiner sexuellen Orientierung ahnen könnte, zeigt sich, wenn Leopold „wie von einem Fußtritt zusammenzuckt [...]", wenn er aus dem Mund seines Vaters, eines Kunstlehrers, das Wort „AQUARELL" hört (A 10). Mit dem Verlassen der Heimat hofft er, auch die Furcht vor der Offenlegung seiner sexuellen Orientierung zurücklassen zu können.
Doch die Angst davor, dass seine Homosexualität entdeckt werden könnte, bleibt stets präsent:

„Es gibt Dinge, über die man nicht spricht. Aber ich weiß, wovon ich rede, wenn ich sage, das Schweigen im Nacken ist etwas anderes als das Schweigen im Mund. Vor, während und nach meiner Lagerzeit, fünfundzwanzig Jahre lang habe ich in Furcht gelebt, vor dem Staat und vor der Familie. Vor dem doppelten Absturz, dass der Staat mich als Verbrecher einsperrt und die Familie mich als Schande ausschließt. Im Gewühl der Straßen habe ich in die Spiegel der Vitrinen, Straßenbahn- und Häuserfenster, Springbrunnen und Pfützen geschaut, ungläubig, ob ich nicht doch durchsichtig bin." (A 10)

Die Angst vor der Entdeckung seiner wahren Identität ist so groß, dass die Verleugnung des eigenen Selbst sich bis zum gefühlten Selbstverlust steigert. Es wäre auch mit den härtesten Konsequenzen zu rechnen gewesen.
Im Lager wird er deshalb zum „Nichtrührer" (u.a. A 266), der innerlich unerreichbar bleibt. Nur so schafft er es, sich nicht in Lebensgefahr zu begeben, denn im Lager drohte Homosexuellen nicht nur eine Gefängnis-, sondern tatsächlich die Todesstrafe. Somit bedeutet die Deportation nicht etwa die Lösung des Problems, sondern eine zusätzliche Verschärfung.
Nach der Rückkehr aus der Gefangenschaft muss er seine Identität immer noch verleugnen. Er heiratet zwar eine Frau, beginnt aber wieder damit, sich heimlich mit Männern zu treffen. Doch stets verfolgt ihn die Furcht, dass seine Frau von seiner Homosexualität wissen könnte. Als er eines Abends mit Emma in einem Restaurant dem falsch klingenden Spiel eines Pianisten lauscht und der Kellner anmerkt, dass bereits ein Klavierspieler deshalb gefeuert wurde, entgegnet Emma: „Na siehst du, immer erwischt es den Spieler, nie das Klavier." (A 289). Leopold erschrickt, weil er befürchtet, dass seine Frau von seinem Geheimnis weiß. Sein erster Deckname im Park war nämlich „SPIELER", später wählte er den Namen „KLAVIER". Die fünf Jahre im Lager haben ihn aber verändert. Zwar ist er immer noch das KLAVIER, aber „das Klavier, das nicht mehr spielt". (A 292)
Diese Beschädigung durch die Zeit im Lager, die eine völlige Selbstentfremdung zur Folge hat, fasst Leopold Auberg in folgende Worte: „Es war das große innere Fiasko, dass ich jetzt auf freiem Fuß unabänderlich allein und für mich selbst ein falscher Zeuge bin." (A 283)

8 Fremdheit im totalitären Staat

Das Leben in einer totalitären Gesellschaft ist neben dem Aufwachsen im banatschwäbischen Dorf eines der wichtigsten Themen im Werk Herta Müllers. Die Macht- und Gewaltstrukturen, die innerhalb der dörflichen Gemeinschaft vorherrschten, „präfigurieren Strukturen, die sich auf gesamtgesellschaftlicher Ebene fortsetzen“[145].

Im folgenden Kapitel wird zunächst eine Analyse dieser Strukturen vorgenommen. Anschließend soll untersucht werden, wie sich das Eindringen des Fremden auf die totalitär strukturierte Ordnung auswirkt.

8.1 Die diktatorische Ordnung

Die in einer Diktatur vorherrschenden Machtstrukturen legt Herta Müller sowohl in ihren Prosatexten als auch in ihrem poetologischen Werk offen. Kennzeichnend für die diktatorische Ordnung ist der geringe Handlungsspielraum, der dem Individuum gewährt wird. Vom *Frosch des Diktators* geht eine ständige, nicht greifbare Bedrohung aus, die bis in die Privatsphäre hineinwirkt.

Die Texte Müllers zeugen von „der Unmöglichkeit eines selbstbestimmten Lebens in einem auf Unterdrückung und Überwachung aufgebauten Staat“[146]. Damit bringt auch das Verlassen des Dorfes keinen Zuwachs an Freiheit mit sich. Das ethnozentristische ‚*Wir*‘ wird lediglich durch ein staatliches Zwangssystem ersetzt. Dies wird offenbar, wenn man die vielfältigen Parallelen berücksichtigt, die Müller zwischen dem Leben auf dem banatschwäbischen Dorf und in der Großstadt zieht.

---

145 Meurer, S. 177

146 Eke, Norbert Otto: „Sein Leben machen/ ist nicht, /Sein Glück machen/ mein Herr“. Zum Verhältnis von Ästhetik und Politik in Herta Müllers Nachrichten aus Rumänien. In: Barner, Wilfried; Müller-Seidel, Walter (Hg.): Jahrbuch der deutschen Schillergesellschaft. Stuttgart, 1997, S. 489

8.1.1 Die *verlogene Heimat* des Diktators

An zahlreichen Stellen vergleicht Herta Müller die Ordnung der dörflichen Herkunftswelt mit dem rumänischen Staatsapparat. Dem vielzitierten „deutschen Frosch" (u.a. TS 20, 21, 27) entspricht auf staatlicher Ebene der „Frosch des Diktators" (TS 27). Der Staat als überschaubares Dorf hat als höchstes Gebot die Anpassung und Unterordnung der Individuen.

Die ethnische Identität des Dorfes findet auf staatlicher Ebene ihre Entsprechung in der nationalen Identität, die durch die ideologische Durchsetzung sämtlicher Lebensbereiche geschaffen und bewahrt wird. Von Kindesbeinen an werden die Menschen indoktriniert, um dem System unter der Führung von Nicolae Ceauşescu Folge zu leisten. Welche Rolle die nationale Identität bereits im Leben von Fünfjährigen spielt, erläutert Müller im Essay *Die rote Blume und der Stock*:

> „Die Kinder waren versessen auf Parteigedichte und patriotische Lieder und die Landeshymne. Ich kam an diesen Kindergarten nach längerer Arbeitslosigkeit infolge der Entlassung aus der Fabrik und einigen Schulen. [...] Ich dachte mir, als ich die Stelle annahm, so schlimm wie in den Schulen könne es nicht sein. Ein bißchen Kindheit wird es in diesem Staat ja noch geben, die leere, gleichmäßige Zerstörung der Ideologie könne man bei so Kleinen nicht anwenden, da gäbe es noch Bausteine, Puppen oder Tänze." (K 152f.)

Schon die Kindergartenkinder sind Teil des Systems, das den Personenkult um den Diktator Ceauşescu betreibt. Kein einziges Kind kennt ein Winter-, ein Sommer- oder ein Frühlingslied. Lediglich einem Jungen ist ein „Lied übers Blumenpflücken" (K 154) bekannt. Doch bereits nach der ersten Strophe

> „steuerte das Lied in der zweiten auf den Personenkult zu. Die schönste, rote Blume wurde dem geliebten Führer geschenkt. In der dritten Strophe freute der Führer sich und lächelte, weil er zu allen Kindern im Land der Beste war." (K 154f.)

Hier wird offenbar, dass auch die Natur der Diktatur dienen muss und ihrer Natürlichkeit enteignet wird.

Der Personenkult wird vielfach mit der religiösen Verehrung Gottes verglichen. Hier werden auch Parallelen zur Ordnung der dörflichen Herkunftswelt offenbar:

> „Mit der gleichen Methode, wie mir im Kindesalter der Dorfpfarrer die Angst vor Gott in den Kopf setzen wollte, verbreiteten die Funktionäre ihre sozialistische Religion: Was du auch tust, Gott sieht dich, er ist endlos und überall. Das zigtausend Male ins

Land gestellte Porträt des Diktators wurde unterstützt durch die Berieselung mit seiner Stimme. Durch stundenlange Übertragungen seiner Reden im Rundfunk und Fernsehen sollte diese Stimme als Kontrolle jeden Tag in der Luft liegen. Diese Stimme war jedem im Lande so bekannt wie das Rauschen von Wind oder fallender Regen. "
(K 151)

Die Omnipräsenz des Diktators ist derart ausgeprägt, dass die beiden wichtigsten Wahrnehmungsorgane, das Auge und das Ohr, vollkommen von seiner Anwesenheit beherrscht werden. Er ist überall zu sehen und sieht, durch die Augen seiner Funktionäre, alles. Seine allgegenwärtige Stimme ist alltäglichen Naturgeräuschen vergleichbar – jedem im Land bekannt. In diesem alles beherrschenden Personenkult fand Ceauşescu das Land geeint. Der Diktator als gottgleicher Vater, seine Frau als „Mutter aller Kinder" und „erste Frau des Landes". (HS 102f.)
Vordergründig verfolgte das Regime zunächst eine eher freundschaftliche Politik, die die Güte des Diktators unterstreichen sollte.

8.1.2 Mechanismen der Unterdrückung

Um eine möglichst umfassende Homogenität auf nationaler Ebene zu gewährleisten, bedient sich der Staat zahlreicher Mechanismen der Unterdrückung. Die unmenschlichen und bedrückenden Lebensbedingungen, die das suppressive System hervorbringt, führen zu Angst. Diese Angst wird in *Der Fuchs war damals schon der Jäger* an zahlreichen Stellen thematisiert. Sie speist sich aus den Erfahrungen von Gewalt, Schmerz und Tod und ergreift Besitz von den Körpern der Individuen, sie macht den Menschen „hellhörig" (F 46) und verhindert jede freie Bewegung (F 31). Die Erfahrungen des Lebens in einem Überwachungsstaat führen bei Adina dazu,

„daß die Ohren am Kopf vom Horchen, ihre Muscheln, ihre Schnörkel glätten müßten, glatt wie Handteller müßten sie sein, Finger müßten ihnen wachsen, die so schnell zucken wie Angst". (F 257)

Auch in *Barfüßiger Februar* wir der Überwachte „hellhörig", weil er beschattet wird: „Der kleine graue Mann bleibt stehn zwischen den hohen Bäumen. Er horcht." (BF 99)

Wie sehr der Staat die Privatsphäre des Einzelnen beeinflusst, wird in dem Roman *Heute wär ich mir lieber nicht begegnet* offenbar. Paul, der Lebensgefährte der nicht systemkonformen Ich-Erzählerin, verliert seine Stelle und wird schließlich der Schwarzarbeit bezichtigt, weil er die Beziehung auch auf Anraten seines Vorgesetzten nicht beenden will (HB 103).

Es findet eine Enteignung des Körpers vom Subjekt statt, denn in seinen Funktionen soll er vor allem dem Staat von Nutzen sein. Die Verpflichtung der Frauen, möglichst viele Kinder zu gebären, wurde bereits erwähnt. Als weiteres Indiz für die körperliche Vereinnahmung des Subjekts durch die sozialistische Ideologie lässt sich das vielfältig variierte Krankheitsmotiv begreifen.[147] In sämtlichen Prosatexten Herta Müllers kommen „Geisteskranke", „Verrückte" oder „Irre" (H 58, 212) vor. Es handelt sich fast ausnahmslos um Figuren, die das System nicht ertragen konnten. Für die Machthaber bot sich damit auch eine denkbar einfache Möglichkeit, einen Menschen auszugrenzen und ruhigzustellen. Häufig äußert auch das Erzähler-Ich die Befürchtung verrückt zu werden. Auch körperliche Erkrankungen, wie beispielsweise Krebs, werden mit dem totalitären System in Verbindung gebracht. In *Herztier* erkrankt die rumänische Freundin der Erzählfigur an Krebs.

Der Tumor, die „Nuss" (H 156, 219, 240), die Tereza schließlich das Leben kosten wird, kann vielfältig gedeutet werden. Alexander Mitscherlich zufolge besteht ein Zusammenhang zwischen Krankheit und dem Verlust der persönlichen Freiheit.[148] Diese Deutung lässt sich auch auf Tereza übertragen. Durch ihre Zusammenarbeit mit dem Geheimdienst büßt sie ihre persönliche Freiheit ein. Sie betrügt, indem sie sie an die Securitate verrät, nicht nur ihre Freundin, sondern auch sich selbst. Von einer Freundschaft kann unter diesen Bedingungen nicht mehr die Rede sein, doch Tereza begreift dies nicht:

> „Du und ich. Tereza hatte kein Gespür dafür, dass du und ich vernichtet war. Dass ich den Mund nicht schließen konnte, weil mir das Herz hinein schlug." (H 158)

---

147 Den Zusammenhang zwischen Krankheit und dem Leben in einem totalitären System erörtert Lucie Koutková anhand der Literatur Libuse Monikovás in: Koutková, Lucie: Das System als Krankheit, die Krankheit im System. In: Schenk, Klaus (Hg.): Migrationsliteratur. Schreibweisen einer interkulturellen Moderne. Tübingen, 2004, S. 231-246

148 Vgl. Mitscherlich, Alexander: Freiheit und Unfreiheit in der Krankheit. Das Bild des Menschen in der Psychotherapie. Hamburg, 1946, S. 73f.

Die Fassungslosigkeit der Erzählerin über die Leichtfertigkeit Terezas vermischt sich mit der Angst, die ihr das Herz bis „in den Mund" hinein schlagen lässt. Der Herzschlag kann als tatsächlich derart verstärkt, dass man ihn bis in den Mund hinein spürt, interpretiert werden, oder auch als Zeichen für die durch Angst ausgelöste Sprachlosigkeit.
Erkrankungen werden auch im Zusammenhang mit der Dorfbevölkerung häufig erwähnt. Die Mütter der Freunde leiden an verschiedenen Gebrechen:

> „Die Mütter von Edgar, Kurt und Georg waren Schneiderinnen. [...] Wenn Edgar, Kurt und Georg von den Krankheiten ihrer Mütter erzählten, kam es mir vor, als hätten Schneiderinnen vom Bügeldampf etwas Aufgeweichtes an sich. Sie waren von innen krank: Edgars Mutter hatte es an der Galle, Kurts Mutter am Magen und Georgs Mutter an der Milz. Nur meine Mutter war Bäurin und hatte vom Feld etwas Verhärtetes an sich. Sie war von außen krank, sie hatte es im Kreuz." (H 53)

Als Grund werden zwar die beruflichen Tätigkeiten der Mütter angeführt, doch legen insbesondere Erkrankungen an Galle, Magen und Rücken eine psychosomatische Deutung nahe. Insbesondere die „Kreuzschmerzen" (u.a. H 74, 75, 76, 138, 174, 202, 221, 248) werden häufig mit einer psychischen Belastung in Zusammenhang gebracht. Briefe von der Mutter werden mit der immer gleichen Formel eingeleitet:

> „Hinter den Kreuzschmerzen meiner Mutter stand: Die Großmutter schläft keine Nacht. Nur am Tag. Sie verwechselt das. Der Großvater kann sich nicht ausruhen. Sie läßt ihn kein Auge zumachen, und am Tag kann er nicht schlafen." (H 138)

Die Formulierung „Hinter den Kreuzschmerzen meiner Mutter stand" kann einerseits konkret als Aufzählung der Reihenfolge des Briefinhaltes gemeint sein, im Sinne von: Nachdem meine Mutter mir von ihren Kreuzschmerzen geschrieben hatte, teilte Sie mir mit, dass sich dies und jenes zugetragen hat. Andererseits kann auch gemeint sein: Hinter den Kreuzschmerzen der Mutter steckt folgende Ursache. Die Mutter berichtet fast ausschließlich von ihren Sorgen. Sie muss sich um die Großeltern kümmern, die zusehends schwierig werden. Die Mutter berichtet niemals konkret von ihrer eigenen Erschöpfung, sondern beispielsweise von der Erschöpfung des Großvaters. Ihren Ausdruck finden die eigene Überlastung und die täglichen Sorgen und Ängste allerdings in den Kreuzschmerzen, die möglicherweise eine Somatisierungsstörung darstellen und in ihrer Formelhaftigkeit häufig auch ein Vorwurf an die Tochter sind.

8.2 Das Fremde als Bedrohung der Macht

Die diktatorische Ordnung lässt sich nur mit den Mitteln der Angst aufrecht erhalten. Im Folgenden soll der Angstbegriff ausgeweitet werden. Der Umstand, dass für das Funktionieren einer Diktatur die Angst der Beherrschten grundlegend ist, bedingt, dass die größte Furcht des Herrschers darin besteht, dass dieser permanente Angstzustand der Beherrschten sich ändern könnte. Die größte Gefahr für das System geht deshalb von allen fremden, nicht-zugehörigen Elementen aus, die die vorhandenen Macht- und Gewaltstrukturen offenlegen könnten.

8.2.1 Alterität als Widerstand

Unterdrückung, Enteignung und Überwachung durch das Zwangssystem unter der Führung Ceauşescus sind Symptome der Angst eines Diktators, der fürchtet, seine Macht zu verlieren. An mehreren Stellen im Werk Herta Müllers wird die übermäßige Furcht des Staatsoberhauptes erwähnt, die häufig stark paranoide Züge aufweist. Der Zusammenhang zwischen Angst und Macht wird zu einem Grundthema.

Besonders auffällig ist die Angst des Diktators vor Krankheitserregern (u.a. H 69f., 114), die auch als Angst vor Eindringlingen von außen aufgefasst werden kann, die den ‚Organismus Staat' schwächen. Ceauşescu

> „nahm sich auf seine Reisen in einer Zisterne Badewasser mit. Er hatte Angst vor Bakterien, Viren und Mikroben und zog täglich neue Kleider aus luftdicht verschweißten Plastiksäcken an. Er fürchtete die Revolte des Frosts und trug Heizbatterien, wenn er im Winter in die Wälder auf die Jagd ging." (HS 12)

Der Diktator sieht die Natur als potentielle Gefahr für sein Leben, da er sie nicht kontrollieren kann.

Andererseits existieren auch „Angstphantasien, die wie Flüstermärchen umgehen" in der Bevölkerung:

> „Ceauşescu sei schwer krank. Er wäre längst tot, wenn er nicht täglich Bluttransfusionen bekäme. Das Blut werde den Neugeborenen mit einer Nadel aus der Stirn genommen. Frauen flüsterten sich diese Gruselmärchen mit stockender Stimme zu." (HS 78)

Auch in *Herztier* wird das Kinderblut erwähnt:

> „Nur für eine Krankheit, hieß es, fährt er nicht weg: Das Kinderblut gegen Blutkrebs bekommt er im Land. In den Geburtenkliniken wird es den Neugeborenen mit japanischen Saugnadeln aus der Stirn gepumpt." (H 70)

Solche Aussagen zeugen von der ausgeprägten Furcht vor dem Diktator. Frauen, die dazu gezwungen wurden, Kinder zu bekommen, mussten um ihre Neugeborenen fürchten. Die „japanischen Saugnadeln" unterstreichen die Unerhörtheit und Grausamkeit dieser Untat.

Die krankhafte Hypochondrie des Diktators ist dann besonders ausgeprägt, wenn er in Kontakt zu seinem Volk tritt:

> „Ceaușescu hielt zwar oft Kinder auf dem Arm, doch wurden diese vorher tagelang in ärztlicher Quarantäne gehalten, um eine Krankheitsübertragung auszuschließen." (K 155)

Um das „Glück des Volkes in einer hellen Zukunft" (HS 54) zu propagieren, gibt sich Ceaușescu volksnah und kinderfreundlich. Doch gilt dies lediglich dem schönen Schein. Die Angst vor Krankheitserregern sitzt zu tief.

Doch nicht nur die mögliche Ansteckung mit Krankheiten erfüllt den Diktator mit Furcht.

Eine große Gefahr geht von Fremden aus, die als solche kein Teil der alles beherrschenden Ordnung sind. Fremde gelten als nicht-systemkonform und damit als Bedrohung der Macht. Auch auf gesellschaftlich ‚Andere' wird mit Misstrauen reagiert. Meist führt Alterität zu Verfolgung, Marginalisierung, Exklusion oder im Extremfall zur Auslöschung.

Ein Beispiel für den negativen Umgang mit ‚Anderen' sind die im Land lebenden Roma, die gesellschaftlich marginalisiert werden. Sie dürfen nicht innerhalb der Dörfer leben und werden an den Rand gedrängt:

> „Das Wohnen zwischen den Orten entspricht nur bedingt dem Lebensgefühl, entspricht unbedingt der Weigerung der Dorfbewohner, Zigeuner zum Dorf zu zählen. Die Hütten dürfen sich anlehnen an das Dorf, mehr nicht. Die Zigeuner, die barfuß auf den Winter warten, dürfen unauffällig vorbeigehen an den Fenstern und etwas im Dorfladen kaufen, mehr nicht. Denn eine Redewendung sagt: ‚Von weitem ist der Zigeuner ein Mensch.'"(HS 138)

Herta Müller zertrümmert in ihrer Reportage *Der Staub ist blind – die Sonne ein Krüppel. Zur Situation der Zigeuner in Rumänien* jegliches romantisch-verklärte Zigeunerbild. Nicht die Roma selbst, sondern die Dorfbewohner sind für das „Wohnen zwischen den Orten" verantwortlich.
Auch die der deutschen Minderheit angehörenden Banater Schwaben und Siebenbürger Sachsen wurden marginalisiert. Im sozialistischen Rumänien wurden die Rechte der deutschen Minderheit zwar offiziell anerkannt, was im osteuropäischen Raum eher unüblich war, doch begann „die Haltung des Regimes den Minderheiten gegenüber immer steifer und feindseliger"[149] zu werden. Die achtziger Jahre waren schließlich durch „Repression, [...] Sich-Abkapseln gegen ausländische Einflüsse [...] und ideologische [...] Disziplinierung"[150] gekennzeichnet, was zum Ergebnis hatte, dass ein Großteil der deutschsprachigen Minderheit nach Deutschland auswanderte.
In zahlreichen Texten Herta Müllers wird der Umgang der Machthaber mit Dissidenten thematisiert. Treffen diese beiden Gruppen aufeinander, so entwickelt sich ein „Teufelskreis der Angst".[151] Die Andersdenkenden fürchten um ihre „Existenz als Individuen, die Herrscher [leiden] unter der Angst vor dem Machtverlust".[152] Der vermehrte Druck des diktatorischen Regimes hat zur Konsequenz, dass ein jeglicher Kritiker des Systems entweder durch „Wahnsinn", „Ausreise" oder durch „Selbstmord"[153] ausgemerzt wird.
Ausnahmen im Umgang mit den Anderen sind selten. Lediglich die Großstadt gilt aufgrund der dort herrschenden Anonymität als eine Art Freiheitsstufe für gesellschaftlich Andere. „Verrückte und Eigenbrötler"[154] werden in dem Bewusstsein toleriert, dass sie in ihrem Zustand dem System nichts anhaben können: „Diese Irregewordenen durften in den Straßen der Stadt wohnen. Die Diktatur kümmerte sich nicht um sie." (HS 95) Die an der Diktatur „Irregewordenen" werden nicht mehr wahrgenommen, da sie nicht mehr in die Ordnung passen.

---

149 Neau, Patrice: Vom Auszug der Dichter. Zur Problematik des ‚Ortswechsels' bei den rumäniendeutschen Autoren. In: Schenk, S. 129

150 Ebda, S. 129f.

151 Predoiu, Grazziella: Rumäniendeutsche Literatur und die Diktatur. „Die Vergangenheit entlässt dich niemals", Hamburg, 2004, S. 60

152 Brodbeck, S. 110

153 Predoiu, 2004, S. 62

154 Bozzi, S. 98f.

Gleichsam deutet die Geisteskrankheit auch auf den Zusammenhang von „individuellen Verhaltensweisen [und] allgemeine[n], gesellschaftliche[n] Verfallserscheinungen“[155] hin. Müller begreift die „Irren“ in der Stadt als Opfer der Diktatur, die

> „so kam es mir vor, alles schlechte Gewissen dieser abnormen Normalität auf sich genommen [hatten]. Sie zeigten, in welchem Zustand wir alle waren. Sie verkörperten den Wahn, sie waren nicht mehr und nicht weniger als der Blick hinter den Schein dieses Regimes.“ (HS 94f.)

Das Regime wünscht die geistige Zerrüttung all jener, die sich der „abnormen Normalität“[156] nicht anpassen konnten. Zudem führen die „längst [Z]erbrochen[en]“ (HS 95) den Passanten durch ihre Andersartigkeit die eigene Normalität vor Augen. Dieser Unterschied von „normal, wie der Diktator es verstand“ (HS 95) und „irre“ erweist sich als stabilisierende Grundlage für die Diktatur, da sie die Menschen dazu anhält, sich stets an der Norm der Partei zu orientieren.

8.2.2 Der Umgang mit dem Fremden

Die Furcht der diskursprägenden staatlichen Elite vor allem Fremden und Andersartigen findet ihren Ausdruck im Umgang mit ihm. Alle Ausdrucksformen des Lebens sind mit dem Zeichen der Macht der herrschenden Institutionen überschrieben.

Ein flächendeckendes Netz der Überwachung und Bespitzelung gewährleistet, dass jegliches nicht-systemkonforme Subjekt ausgemacht werden kann.

Ist eine Person erst einmal als andersdenkend eingestuft, setzt eine immer gleiche Maschinerie des Terrors ein: Verhöre, Drohungen, Folter, Ausschluss aus allen gesellschaftlichen Bezugssystemen wie beispielsweise Arbeit und als letzte Konsequenz schließlich die Auslöschung.

In *Heute wäre ich mir lieber nicht begegnet* schildert die Erzählerin immer wiederkehrende Verhörsituationen. Der Alltag wird unerträglich, wenn stets mit Bespitzelungen und einer Vorladung zum Geheimdienst Securitate zu rechnen

[155] Daemmrich, Horst S. und Ingrid: Themen und Motive in der Literatur. Ein Handbuch. Tübingen, 1987, S. 201, s.v. Krankheit

[156] Predoiu, 2004, S. 61

ist. Es bleibt kein Freiraum, in dem der Mensch agieren kann. Als besonders belastend wird empfunden, dass die Anwesenheit der Machthaber oft nur undeutlich wahrgenommen oder geahnt werden kann.
Die Bedrohlichkeit wird mit dem „Auge des Diktators" zum konkreten Bild:

> „Ein Freund hat einmal, als wir zusammensaßen, aus dem Photo des Diktators ein Auge ausgeschnitten. Er hat das Auge auf einen Bogen Packpapier geklebt. Er hat unter das Auge geschrieben: Das Auge des Diktators. Wir haben gelacht, schallend gelacht, weil uns das Auge jetzt noch mehr bedrohte. Er hatte die Überwachung durch das ausgeschnittene Auge auf die Überwachung selbst gestoßen. Es war greifbar und nicht größer als ein Fingernagel, das, was wir täglich spürten. Es war die gröbste Masche und die feinste. So klein war das Auge, die Überwachung so auf sich selbst gestoßen, daß wir sie nicht mehr fliehen konnten. Es war ein böser Witz. (TS 27f.)

Im Augenblick der Konfrontation mit ihrer größten Angst beginnen die Freunde zu lachen, da sie die Ausweglosigkeit ihrer Situation erkennen.[157] Das Lachen erstirbt bald und die

> „kleinen zerbrochenen Laute, die wir noch zustande brachten, waren schon traurig. Wir hatten schon begriffen, womit wir uns konfrontierten, bevor wir schwiegen. Es war zynisch geworden, wie immer, wenn gleich daneben die Ohnmacht stand." (TS 28)

Die alles beherrschende Angst hat nur kurzfristig ein Ventil gefunden. Das Lachen schlägt in Trauer um, und wieder werden sich die Freunde der „Ohnmacht" bewusst, in der sie gefangen sind. Das Gefühl, in der Falle zu sitzen, ist symptomatisch für die Erzählerin, die sich dem staatlich verordneten System zu verweigern versucht.
Auch in *Herztier* geht es um den Umgang des totalitären Regimes mit Andersdenkenden. Bespitzelung und Verfolgung, Verhöre und Verrat sind wesentliche Motive, die die Handlung leiten. Die „befremdende Bildlichkeit und Leitmotivik [legen] schizophrene Strukturen"[158] offen, die sich beispielsweise im Verfolgungswahn der Erzählfigur äußern. Die „grünen Pflaumen" (u.a. H 58, 82, 90), „das gemähte Gras" (u.a. H 8, 250) und das „Herztier" (u.a. H 70, 80, 81, 244) sind leitmotivisch wiederkehrende Elemente, die kennzeichnend für die Verfol-

157 vgl. „daß wir sie nicht mehr fliehen konnten"

158 Meurer, Petra: Rasende Flaneure. Kulturelle Identität und Gender in den Texten Richard Wagners und anderer rumäniendeutscher Autoren. In: Arnold, 2006, S. 194

gung der Überwachten sind.[159] Die „grünen Pflaumen“[160] stellen ein Motiv der Überwachung dar. Im Kindesalter waren es die Erwachsenen, die den Kindern verboten haben, Pflaumen zu essen: „Grüne Pflaumen soll man nicht essen, der Stein ist noch weich und man beißt auf den Tod.“ (H 59) Später sind es die Wächter selbst, die, ohne sich vor Überwachung fürchten zu müssen, die grünen Pflaumen öffentlich „fressen“ (H 61). Insgeheim werden sie dafür verachtet, denn

> „Pflaumenfresser war ein Schimpfwort. Emporkömmlinge, Selbstverleugner, aus dem Nichts gekrochene Gewissenlose und über Leichen gehende Gestalten nannte man so. Auch den Diktator nannte man Pflaumenfresser.“ (H 59)

Das Pflaumenessen verrät die Herkunft der Wächter: „Die Pflaumenfresser waren Bauern. Die grünen Pflaumen vernarrten sie. Sie fraßen sich weg von der Dienstpflicht.“ (H 59) Diese Herkunft aus meist armen Verhältnissen verschleiern die Wächter üblicherweise. Der Verzehr der grünen Pflaumen entlarvt sie aber.

Das „gemähte Gras“ steht für den Verrat Terezas. Das Gras als „gemähte Liebe“ (H 250), als Metapher für den Vertrauensbruch, den Tereza an der Ich-Erzählerin verübt hat, war die „dümmste Pflanze“ (H 250), denn

> „[i]ch wollte, dass die Liebe nachwächst. Sie wuchs wie Gras und Stroh durcheinander und wurde die kälteste Beteuerung in meiner Stirn.“ (H 250)

Das Bild des gemähten Grases taucht bereits in den frühen Texten Herta Müllers auf. In der Erzählung *Meine Finger* wird das Kind, das „auf den Händen gehn“ und mit den Füßen nach dem Spielzeug greifen wollte (BF 77), von der Mutter zunächst eingesperrt und anschließend in den Hof gesetzt: „Die Mutter setzte mich ins Gras. Das wuchs hier grün und spitz, aber nicht wild.“ (BF 77) Das gemähte, zurechtgestutzte Gras verweist auf die Erziehungsmaßnahmen der Mutter, die das Kind dazu zwingen möchte, sich ordnungsgemäß zu verhalten. Das Gras wächst nicht mehr „wild“, sondern dem menschlichen Ordnungsstreben gemäß. Durch den Schnitt ist es aber „spitz“, d.h. abweisend geworden. Auch in

159 Vgl. Predoiu, 2004, S. 68

160 Die „grünen Pflaumen“ spielen als Motiv eine herausragende Rolle, was seinen Ausdruck nicht zuletzt in der englischen Übersetzung des Titels „Herztier“ findet: „The Land of Green Plums“.

Herztier wird das Gras (d.h. die Liebe) zurechtgestutzt und verliert damit die Ursprünglichkeit. Die Ich-Erzählerin hofft zwar, dass die „gemähte Liebe" nachwachsen und die Beziehung zu Tereza damit wieder wie vorher wird, doch wächst sie wie „Gras und Stroh durcheinander". Die ursprüngliche Beziehung kann also nicht wieder hergestellt werden. Zum Gras kommt „Stroh" hinzu, also vertrocknete Anteile, die auch spitz sind und verletzen können.
Das „Herztier" (u.a. H 70, 81, 89) ist ein Bild für die Seele. Es wird immer wieder als „rettendes Bild"[161] verwendet, das Wärme heraufbeschwören kann. Die Großmutter, die sonst nicht unbedingt positiv konnotiert ist, erzählt dem Kind mehrfach vom *Herztier*: „Ruh dein Herztier aus, du hast heute so viel gespielt." (H 40). Als Seele wird das *Herztier*, das dem Roman den Namen gab, auch an anderen Stellen aufgegriffen (vgl. H 70, 81, 89).

161 Predoiu, Grazziella: Faszination und Provokation bei Herta Müller. Eine thematische und motivische Auseinandersetzung. Frankfurt/Main, 2001, S. 143

9 Fremdheit und Migration

Die Literatur rumäniendeutscher Autoren ist durch eine spezifische Themenauswahl gekennzeichnet, die vor allem die Bereiche *Kindheit, Leben in der Diktatur* und schließlich *Ausreise und Ankunft* abdeckt. Auch Herta Müllers Texte lassen sich weitgehend diesen Komplexen zuordnen. Kennzeichnend für die Texte, die sich mit der Ausreise und der Ankunft auseinandersetzen, ist die Absage an die ‚neue Heimat'. Auch das Leben in der Bundesrepublik bietet keine befriedigende Alternative zu den bislang abgelehnten Lebensentwürfen im banatschwäbischen Dorf und in der kommunistischen Diktatur. Die Gründe für die Ablehnung der in der Bundesrepublik Deutschland herrschenden Ordnung sind vielfältig. Und ebenso vielfältig sind die Versuche, diese Ordnung aufzubrechen.

9.1 Transitorische Räume - Zwischen Ausreise und Ankunft

Im gesamten Werk Herta Müllers spielen transitorische Räume eine wichtige Rolle. Totalisierenden und phallogozentrischen Formationen werden Tropen der Ortlosigkeit und der Bewegung entgegengesetzt.

Die Texte sind geprägt von Veränderungen und Ambivalenz. Weder die Figuren noch die Räume sind feststehend. Ein besonders häufiges Motiv ist die Flucht. Die Flucht vor dem Geheimdienst[162], vor dem Anderen[163] und schließlich vor sich selbst.[164]

Es geht nicht um die Problematik einer verlorenen Heimat, sondern um die Heimatlosigkeit des Lebens selbst. Die Erzählung *Reisende auf einem Bein* ist eine Migrationsgeschichte, die sich jenseits einer Identitätssuche entwickelt. Eine Episode reiht sich an die nächste - Alltagsszenen -, ohne dass sich eine Entwicklung abzeichnen würde.

Die beschriebenen Handlungsorte sind nicht zum längeren Verweilen gedacht: Bahnhöfe, öffentliche Verkehrsmittel, Übergangswohnheime, Straßen und öf-

---

162 Vgl. *Heute wär ich mir lieber nicht begegnet, Herztier, Reisende auf einem Bein.*

163 Franz flieht in *Reisende auf einem Bein* beispielsweise vor Irene.

164 Beispielsweise beim Leugnen der Vergangenheit auf dem Einreiseformular.

fentliche Anlagen spielen vor allem seit der Übersiedlung Müllers in die Bundesrepublik eine bedeutende Rolle.

In *Heute wär ich mir lieber nicht begegnet* verbringt die Protagonistin sehr viel Zeit in der Straßenbahn. Das Verkehrsmittel wird zum Wohnraum: „Die Straßenbahnwagen fahren hin und her wie beleuchtete Zimmer." (HB 15)

Der Mensch ist ein großer Fasan auf der Welt beschreibt die lähmende Situation des Wartens auf die Ausreise und damit auf den Übergang in eine andere Lebenswirklichkeit.

Die Problematik der Ankunft wird an zahlreichen Stellen in *Barfüßiger Februar* thematisiert. In dem Text *Mein Schlagabtausch, mein Minderheitendeutsch* (BF 123f.) heißt es bezeichnenderweise: „Angekommen wie nicht da" (BF 123).

Reisende auf einem Bein schildert schließlich das Übergangsstadium zwischen verschiedenen Zuständen: Die Ausreise aus Rumänien (im Text stets nur als das „andere Land" gekennzeichnet) und die Ankunft in der Bundesrepublik Deutschland. Oder viel eher die Problematik der Ankunft, die scheitert, weil die Protagonistin zu keinerlei Beziehung in der Lage ist. Irene, die sich kurz vor ihrer Ausreise aus Rumänien in den Westdeutschen Franz verliebt hat, muss nach ihrer Ankunft erkennen, dass „die Beziehung nicht wirklich tragfähig ist, sondern für Irene nur als Wunschbild vom Westen dient".[165] Auch zu anderen Menschen kann Irene im neuen Land keine Nähe herstellen. Die zahlreichen missglückten Liebesbeziehungen offenbaren die Unfähigkeit zu dauerhaften Bindungen. Der Aufenthalt in Westdeutschland bedeutet für Irene keine feste Bleibe mit der Möglichkeit, Wurzeln zu schlagen. Das neue Land wird zum Nicht-Ort, einem Ort der Entwurzelung, der die Möglichkeit des Heimisch-Werdens ausschließt. Irene möchte im Bettengeschäft kein normales Bett, sondern lieber „ein Gästebett" (RB 41) kaufen. Sie sieht sich selbst als Gast und sträubt sich gegen jegliche Vereinnahmung. Das „prinzipielle [...] Gefühl der Fremdheit" drückt sich „oftmals in einer empfundenen Verteidigungshaltung und Außenseiterposition der Protagonistin" aus.[166] Die *Reisende auf einem Bein* erteilt jeder Art von Überwindung der kulturellen Differenzen eine Absage. Irene entwickelt sich nicht auf eine kul-

---

165 Kegelmann, Rene: „An den Grenzen des Nichts, dieser Sprache..." Zur Situation rumäniendeutscher Literatur der achtziger Jahre in der Bundesrepublik Deutschland. Bielefeld, 1995, S. 84

166 Ebda.

turelle Zugehörigkeit hin. Sie bleibt eine umherstreifende Fremde. Aber gerade dies scheint ihre Autonomie und ihre Entwicklung auszumachen.[167]

Berlin, die Stadt in der Irene lebt, ist geteilt. Berlin wird in der Literatur und in anderen Medien häufig als Stadt gesehen, die „dazu verdammt [ist], immerzu zu werden und niemals zu sein“[168]. Der Festspieldirektor Westberlins konstatiert: „Berlin ist ein transitorischer Ort.“[169]

Irenes Hauptbeschäftigung in dieser Stadt ist das Gehen.[170] Die Reisende ist eine „Ausgesetzte zwischen dem Wegfahren und dem Nicht-Ankommen.“[171]

Sie wird zur ziellos umherstreifenden Fremden, ohne festen Aufenthalt.[172] Diese wandernde Existenzform führt aber auch dazu, dass die Migrantin Irene aufgrund ihrer quasi-objektiven Sicht von außen einen Beobachterstatus einnimmt. Georg Simmel sieht in der „Objektivität des Fremden nicht etwa einen bloßen Abstand und Unbeteiligtheit [...], sondern ein besonderes Gebilde aus Ferne und Nähe, Gleichgültigkeit und Engagiertheit“[173]. Irene nimmt Dinge wahr, die von den Menschen in Deutschland nicht in dieser Art und Weise registriert werden. Sie nimmt viele Aussagen wörtlich und versucht beispielsweise Werbebotschaften zu deuten. Ein Beispiel dafür ist das „Paech-Brot“ (RB 107), das im folgenden Kapitel noch ausführlicher erörtert wird. Irene kann sich auch nach längerem Aufenthalt in der Bundesrepublik nicht an den Alltag im neuen Land gewöhnen. Sie begreift ihre Fremdheit auch nicht als vorübergehende Phase innerhalb eines Migrationsprozesses, der irgendwann abgeschlossen sein wird. Sie hat keine Heimat, aber ihre Heimatlosigkeit ist ein Zustand, mit dem sie zu leben gelernt hat.

Charakteristisch für die Gehetztheit und Unrast, die Irene umtreiben, sind die Handlungsräume, die keinerlei Möglichkeit bieten, sich an den Orten festzuhal-

---

167 Vgl. Doppler, S. 105

168 Scheffler, Karl: Berlin – Ein Stadtschicksal, Berlin, 1989, S. 219 zitiert nach: Scherpe, Klaus R.: Berlin als Ort der Moderne. In: Galle, Roland; Klingen-Protti, Johannes (Hg.): Städte der Literatur. Heidelberg, 2005, S. 197

169 Scherpe, S. 197

170 Der Zusammenhang von Denken und Gehen taucht in der Literatur vielfach als Topos auf (vgl. Mallarmes „Se promener et s'écrire“). Auch Irene reflektiert während ihrer Streifzüge durch die Stadt fortwährend ihre Situation im neuen Land.

171 Predoiu, 2001, S. 147

172 Vgl. das Flaneurmotiv in 7.2.2

173 Simmel, S. 766f.

ten: Übergangswohnheime, Bahnhöfe, Straßen und öffentliche Anlagen im Freien.

9.2 Der *Frosch der Freiheit* – Die Bundesrepublik als demokratisch-kapitalistisches System

Eine wirkliche Ankunft in Deutschland gibt es für die Figuren in Herta Müllers Texten nicht.

In einem Graffito an einer Berliner Hauswand findet Irene, die eine *Reisende auf einem Bein* ist, ihr Lebensgefühl widergespiegelt: „KALTES LAND KALTE HERZEN RUF DOCH MAL AN JENS" (RB 91). Irene kann mit dem neuen Land nicht warm werden.

Es bleibt stets ein Gefühl der Fremdheit. Alfred Schütz, der den Fremden als Immigranten typisiert, charakterisiert dieses Problem unter wissenssoziologischer Perspektive als Problem des Verstehens. Die Wissensordnungen des Fremden und der Gemeinschaft kollidieren miteinander. Die Kommunikation misslingt.

Das von Irene gesprochene Deutsch entspricht nicht dem in Westdeutschland geläufigen Deutsch. Einige Wendungen und Worte sind ihr nicht vertraut. Das Wort „Zauderer" (RB 39) kennt sie nicht und assoziiert deshalb einen „Zauberer, [...] ders nicht mehr kann" (RB 39).

In *Reisende auf einem Bein* gibt es auch einen längeren Abschnitt, in dem klar wird, dass Stefans Jargon Irene abstößt. An dieser Stelle zählt Irene eine ganze Reihe westdeutscher Ausdrücke samt Deutungsversuchen auf:

> „Wenn Stefan aus dem Büro kam, sagte er: Ich hab tüchtig Dampf gemacht. Den hab ich tüchtig zusammengeschissen, sagte Stefan, wenn er mit einem Mann gestritten hatte. Hatte Stefan mit einer Frau gestritten, sagte er: Wir haben uns unheimlich angefetzt. Auf der Straße blickte Stefan sich unerwartet um. Schaute einer Frau nach: Scharf. Schaute einem Mann nach: Schräge Type. Manchmal sagte Stefan: Das darf doch wohl nicht wahr sein. Oder: Ich krieg mich nicht mehr ein. Oder: Das isn Ei, was. Zwischen den Sätzen anderer sagte Stefan: Alles klar. Prima. Spitze. Super. Klasse." (RB 115f.)

Als Stefan schließlich den Ausdruck „ums Verrecken nicht" (RB 116) gebraucht, reagiert Irene mit Unverständnis: „Ums Verrecken, hatte er gesagt. Irene sah in sein Gesicht: Ich werde mich wehren. Nicht so. Mit Verrecken hat das nichts zu tun." (RB 117) Irene fühlt sich verletzt, da sie aufgrund ihrer Herkunft aus einer stalinistischen Diktatur mit „Verrecken" tatsächliche Tode verbindet. Irene und Stefan haben unterschiedliche Wissenshorizonte. Deshalb nimmt Irene viele Aussagen wörtlich, die Stefan unreflektiert gebraucht, weil sie zu seiner Alltagssprache gehören.

Die Sprache der Westdeutschen erscheint Irene fremdartig, weshalb sie die Ausdrücke gleich in den Zusammenhang bettet, in dem sie gebraucht werden. Sie kann die Zwiespältigkeit der Aussagen noch nicht einschätzen. In dem Essay *Bei uns in Deutschland* bringt Müller diese Verunsicherung folgendermaßen auf den Punkt:

> „In jedem gesagten Wort, glaubte ich, muß eine Aussage sein, sonst wäre es nicht gesagt worden. Ich kannte das Reden und das Schweigen, das Zwischenspiel von gesprochenem Schweigen ohne Inhalt kannte ich nicht." (K 177)

Fremd an der neuen Sprache sind für Irene auch die Bilder. Zwar existieren in ihrem Dialekt auch zahlreiche bildhafte Redewendungen, doch sind die Bilder andere. Wie ein Kind versucht sie die neue Sprache zu deuten. Häufig kommt es zu Missverständnissen, weil Irene Aussagen zu wörtlich nimmt. Dieser fremde Blick auf die Lebenswirklichkeit in der Bundesrepublik trägt aber unter anderem dazu bei, dass das *„archaische Fundament* sichtbar"[174] wird. Irene hat einen Beobachterstatus inne, wie Simmel ihn für den Migranten als Inbegriff des Fremden konstatiert hatte. Sie analysiert Verhaltensweisen, sprachliche Gepflogenheiten und gebräuchliche Bilder, die sonst vollkommen unreflektiert verwendet werden. Auf diese Art und Weise entlarvt sie das kapitalistische System und fasst es im Bild des „Frosches der Freiheit". Analog zum „deutschen Frosch" des banatschwäbischen Dorfes und zum „Frosch des Diktators" steht der „Frosch der Freiheit" für die Überwachung, die im Kapitalismus gewährleistet, dass nur die des Wohlstands Würdigen (vgl. TS 30) auch daran teilhaben:

> „Hier in der Bundesrepublik sehe ich den Frosch der Freiheit. Freiheit, die immer schon aufhört, wenn sie beginnt. Es ist ein binnendeutscher Frosch. Ich suche ihn nicht. Er findet mich." (TS 29)

---

174 Eke, Norbert Otto: Herta Müllers Werke im Spiegel der Kritik (1982-1990). In: Ders., 1991, S. 124

Der „Frosch der Freiheit“ ist allgegenwärtig, denn er lächelt „mit weißen Zähnen“ (TS 30) den Menschen von Wahl- und Werbeplakaten aus zu und „prüft, ob die kleinen, lebenden Passanten des Wohlstands dieses Landes würdig sind“. (TS 30)

Auch Irene wird vom „Senat für Inneres“ daraufhin geprüft, ob sie würdig für das neue Land ist (RB 121f.)

Charakteristisch für das kapitalistische System in Deutschland sind also vor allem Werbeplakate und Slogans, auf die Irene häufig bei ihren Streifzügen durch die Stadt stößt:

> „Werbetexte zogen durch ihre Stirn. Es waren Werbeverse: Beim Ja-Wort schweigt die junge Braut, weil sie noch rasch ein Paech-Brot kaut. Irene sagte statt: junge Braut, weiße Braut. Suchte einen anderen Reim auf Braut. Beim Ja-Wort schweigt die weiße Braut, weil sich die Erregung staut. Dann suchte Irene im Laden alles, was weiß war: Toilettenpapier, Windeln, Slipeinlagen, Watte, Tampons. Brotschnitte: Eine Braut, so weiß wie Brotschnitten, sagte Irene vor sich hin.“ (RB 107)

Irene begegnet der „freien“ westlichen Gesellschaft mit Unverständnis. Brot, insbesondere Weißbrot, war in Rumänien schwer zu bekommen. In Deutschland ist es eine beliebige Ware, von der so viel verfügbar ist, dass es sogar beworben wird. Es ist „weiß“ wie viele andere beliebige Alltagsgegenstände, die ebenso sinnfrei beworben werden können.

Auf das „Paech-Brot“ geht Herta Müller auch in ihrem Essay *Bei uns in Deutschland* ein. Dort heißt es: „Erst die Brotwerbung in der Berliner U-Bahn verriet mir Pech-Brot als das richtige Wort für die Zerrüttung der Nerven. Der Satz ist so tauglich für die Beschreibung von Diktatur [...].“ (K 180) Das „Pechbrot“ ruft Erinnerungen an eine Verhörsituation in Rumänien hervor. Dort wurde Müller von einem „Geheimdienstler“ bedroht, der „oft sagte, ich solle nicht vergessen, daß ich rumänisches Brot esse“. (K 180) Die Drohung, ihr Brot vorzuenthalten, stellt eine konkrete Bedrohung der Existenz dar.

Häufig ist Irene von der im Westen auf sie niedergehenden Bilderflut überfordert. Die hohe Geschwindigkeit der U-Bahn, aggressive Werbung und Modeerscheinungen registriert sie zwar, wirklich verarbeiten kann sie sie jedoch nicht.[175]

---

175 vgl. Kegelmann, S. 84

9.3 Die ‚anderen' Deutschen – Die Sicht auf den Fremden

In *Reisende auf einem Bein* thematisiert Herta Müller nicht nur die Erfahrungen des Fremden angesichts einer neuen kulturellen Ordnung, sondern sie beschreibt gleichsam die Sicht der Deutschen auf den Fremden. Da Irene der rumäniendeutschen Minderheit angehört, handelt es sich bei ihr um eine Art ‚andere' Deutsche. Sie entspricht keiner der Kategorien, die im Formular der Ausländerbehörde vorgegeben sind, ist sie doch sowohl Deutsche als auch politischer Flüchtling. Obwohl sie in Deutschland ist und deutsch spricht, ist sie keine Deutsche. Die sprachliche Situation wird in doppelter Hinsicht problematisiert. Der Umstand, dass rumäniendeutsche Aussiedler zwar „Deutsche durch ihre Sprache" (HS 45) sind, es sich bei ihnen aber keineswegs um Westdeutsche handelt, da sie „Ausländer in allen anderen Hinsichten der Biographie und Sozialisation" (HS 45) sind, kommt insbesondere dann zum Tragen, wenn offenbar wird, dass Irenes Wissensordnung mit jener der westdeutschen Gemeinschaft kollidiert.

Irenes Sprache, die als fremdartig wahrgenommen (vgl. 5.1) wird, hat zur Folge, dass sie marginalisiert wird. Die missglückende Kommunikation führt dazu, dass ein Heimisch-Werden unmöglich wird.

In einem Brief an Franz schreibt Irene: „Die deutschen Witwen haben eckige Gesichter und gekräuseltes Haar wie Schnee und Stahl." (RB 162) Damit bringt sie die Härte und Kälte, die sie im neuen Land empfindet, zum Ausdruck. Menschen und auch Dinge wirken abweisend auf sie.

Zu Beginn ihres Aufenthaltes in Deutschland wird Irene eine Unterkunft in einem „Asylantenheim" zugewiesen, da das Gästehaus für Aussiedler bereits belegt ist (RB 29). Das Flüchtlingslager in der Flottenstraße scheint ein Symbol für das Leben der Flüchtlinge in der Bundesrepublik zu sein. Die Straße ist eine Sackgasse zwischen stillgelegten Bahngleisen (RB 29). Diese Ortszuweisung steht für die gesellschaftliche Position der Bewohner des Heimes. Am Rande der Gesellschaft führen sie lediglich ein Schattendasein, ohne von der Mehrheit der Bevölkerung wahrgenommen zu werden.

In Westdeutschland trifft Irene auf ein Kollektiv, das das ‚Eigene' ein- und das ‚Fremde' ausgrenzt. Ausländer werden stigmatisiert und häufig mit offener Ablehnung konfrontiert. In einigen Essays Herta Müllers werden die sozialstrukturellen Diskriminierungs- und Ausschließungsprozesse mit besonderem Nachdruck beschrieben. So zum Beispiel in *Schmeckt das Rattengift* (HS 39ff.). Darin wird die Alltäglichkeit der Diskriminierungs- und Gewaltpraktiken in einem westdeutschen Dorf beschrieben:

> „Die Steinewerfer und Brandstifter, die Menschenjäger aus Hoyerswerda und Rostock sind nicht Randgruppen. Sie bewegen sich in der Mitte. Sie können sich nicht nur auf den Applaus am Straßenrand, sondern auch auf die Zustimmung derer verlassen, die äußerlich nicht als Skinheads zu erkennen sind. Brave Bürger, die sich die Köpfe nicht kahl scheren, sondern, unauffällig und still, an der persönlichen und öffentlichen Meinung stricken, die Menschenjagd gesellschaftsfähig macht." (HS 43)

Müller verarbeitet in dem Essay Erfahrungen, die sie in der Bundesrepublik tatsächlich gemacht hat. Sie berichtet von der Alltäglichkeit der Gewalt gegenüber Fremden. Dieses Thema wird, so Müller, in der öffentlichen Diskussion allerdings stark tabuisiert. Ausländerfeindlichkeit beschränke sich aber nicht nur auf eine relativ kleine Gruppe gewaltbereiter Skinheads, sondern sei ein weitverbreitetes Phänomen. Müller übt besonders scharfe Kritik an der Art und Weise, in der sich Politiker mit dem Fremden auseinandersetzen:

> „Der Bundeskanzler kann noch tausendmal den Satz beten: ‚Wir sind ein ausländerfreundliches Land.' Den Satz kann heute niemand mehr glauben. Er ist unsensibel, blind und eine Provokation. Die Politiker beteuern, ‚betroffen' zu sein, doch es fällt ihnen nicht einmal im Zufall ein Satz ein, der eigentlich ist und aufhorchen läßt. Kein einziger eigener Gedanke kommt aus ihrem Mund. Statt dessen das abgedroschene Material aus totgeglaubten Metaphern. Die werden im Mund geführt, um den Fakten zu entkommen. Sie rinnen kalt ab. Die Sprache selber, die deutsche Sprache bekommt Gänsehaut, wenn deutsche Politiker reden. [...] Weshalb lesen Menschen, die in die Politik gehen, für die öffentliche Reden genauso zum Beruf gehören wie Entscheidungen hinter geschlossenen Türen, weshalb lesen diese Menschen nicht wenigstens so viel, daß sie den Grundton einer zumutbaren Sprache beherrschen? Weshalb nehmen sie heute, um gegen Neonazis zu reden, eine Sprache in den Mund, die sich ästhetisch von den Sprachbildern des Faschismus kaum unterscheidet? All ihre Sprachbilder schlagen in die häßliche, gleiche Kerbe. [...] Wo Ausländer angezündet werden, geht das Wort ‚Schande' einem Politiker schneller über die Lippen als ‚Straftat'. [...] Menschenjagd ist keine ‚Schande', sondern ein Verbrechen." (HS 43f.)

Hier prangert Müller vor allem die Sprache jener Politiker an, die in vorgefertigten Formeln zu schweren Verbrechen Stellung nehmen, weil es ihrer Rollenerwartung entspricht.

Müller stellt immer wieder fest, dass in der Bundesrepublik immer noch rigide Phantasien von Reinheit und Homogenität vorherrschen. In dem Essay *Schmeckt das Rattengift* berichtet sie von einem Bekannten, der zwischen „Rumäniendeutschen" und „Ausländern" unterschiedet. Nachdem die beiden bei einem Spaziergang die ausländerfeindlichen Äußerungen einer alten Frau anhören müssen, bezieht der Bekannte keine Stellung, sondern schweigt:

> „Um einer Einheimischen nicht zu zeigen, daß er Bekannte hat, die anderer Meinung sind, schweigt er. Aber auch, um zu verbergen, daß neben ihm jemand steht, die Ausländerin ist. Wochen davor wollte er mir erklären, daß ich mich als Rumäniendeutsche von den Ausländern unterscheide. Er weiß seit diesem Versuch, daß ich seine Unterscheidung, seine hinterhältige Güte, die auf andere zielt, nicht annehme." (HS 39)

In einem Land, das Müllers Ansicht zufolge nationale und kulturelle Identität gleichsetzt, können Migranten lediglich als Gäste geduldet, nicht aber akzeptiert werden.

10 Intrasubjektive Fremdheit

Das Fremde als Teil des eigenen Selbst spielt im Werk Herta Müllers eine wichtige Rolle. Fremdartige Anteile im Subjekt können nach Auffassung der Psychoanalyse auf verdrängte Ängste oder Wünsche verweisen. Julia Kristeva sieht in der „faszinierten Ablehnung", die das Fremde im Subjekt hervorruft, einen Hinweis darauf, dass es sich beim Fremden um einen desintegrierten Teil des eigenen Selbst handelt.[176] Bereits Freuds Definition des „Unheimlichen" verortet das Fremde in uns selbst. Beim Unheimlichen, so Freud, handele es sich um das ursprünglich Vertraute, das erst durch den Prozess der Verdrängung von seinem ursprünglichen (meist infantilen) Inhalt entfremdet wird.

Herta Müllers Konzept personaler Identität liegt ein internalisiertes Fremdheitsgefühl zugrunde, das vielfach erst durch die Bewegung durch fremde Räume zu Tage tritt. Insbesondere in der Erzählung *Reisende auf einem Bein* und in den Collagen führt Müller durch fremde Räume, um das existentielle Gefühl der Fremdheit auf den Punkt zu bringen.

10.1 Fragmentarisierung und Selbstverlust

Nach Auffassung der Psychoanalyse ist das Fremde in uns selbst. Sigmund Freud geht davon aus, dass das Fremde, „Unheimliche" auf „das Altbekannte, Längstvertraute zurückgeht"[177] und seine Wurzeln meist in der Kindheit hat. Durch den Mechanismus der Verdrängung erfährt das einst Vertraute eine Entfremdung von seinem ursprünglichen Inhalt und tritt als das entfremdete „Unheimliche" erst dann zu Tage, wenn die verdrängte Gefühlsregung wieder aus der Verdrängung auftaucht.

176 Kristeva, S. 208

177 Freud, 1966, S. 231

An Freud anknüpfend geht auch Julia Kristeva davon aus, dass das Fremde in uns selbst ist und nicht von außen an uns herangetragen wird:

> „Das Fremde ist in uns selbst. Und wenn wir den Fremden fliehen oder bekämpfen, kämpfen wir gegen unser Unbewusstes – dieses ‚Uneigene' unseres nicht möglichen Eigenen."[178]

Das Bewusstsein um die eigene Fremdheit soll dazu beitragen, die Dichotomien zwischen „uns" und den „Anderen" zu überwinden und Fremdheit nicht mehr nur negativ zu deuten:

> „Wenn wir unsere Fremdheit erkennen, werden wir draußen weder unter ihr leiden noch sie genießen. Das Fremde ist in mir, also sind wir alle Fremde. Wenn ich Fremder bin, gibt es keine Fremden."[179]

Kristeva macht das Fremde zum integralen Bestandteil des eigenen Selbst, um es nicht mehr am Anderen abwerten und verfolgen zu müssen.
Herta Müller räumt dem Fremdartigen einen wichtigen Platz in ihrem Konzept von Identität ein.
Schlechte Erfahrungen mit Zwangssystemen (Ethnozentrismus und Diktatur), deren vordringliches Bemühen eine Identifikation mit dem Kollektiv war, ließen die Autorin gegenüber statischen Identitätskonstruktionen jeglicher Art misstrauisch werden. Dem Konzept einer kollektiven Identität setzt sie in ihren Texten deshalb eine nomadische, fragmentierte und „schizophrene Subjektivität"[180] entgegen.
Ähnlich wie Homi K. Bhabha, der statische Konzepte von Identität ablehnt und stattdessen Interesse an Momenten des „Übergangs und des Bruches"[181] hat, sieht auch Herta Müller ein enormes Potenzial in der Differenz und im Riss:

> „Das Querstehen, dieses sich Überlagern und Durchbrechen in seiner Reihenfolge, in seinem Hintereinander, nennen wir Chronologie und Kontinuität. Beim Schreiben, will man dieses Hintereinander und all die Brüche fassen, muß man das, was sich im Fort-Schreiben des Gedankens zusammenfügt, zerreißen. Man zerrt am Geflecht der Sätze, bis sie durchsichtig werden, bis in der Reihenfolge der Worte im Satz und in der Reihenfolge der Sätze im Text die Risse durchscheinen." (TS 80f.)

178 Kristeva, S. 208f.

179 Ebda., S. 209

180 Bozzi, S. 39

181 Ebda., S. 31

Die Differenz stellt einen konstitutiven Bestandteil Müllers Literatur dar. Charakteristisch für ihr Schreiben ist auch eine Infragestellung des tradierten Subjektprinzips. Bernhard Waldenfels sieht in der Zersplitterung der *klassischen* Ordnung in viele Einzelordnungen die einzige Möglichkeit, einen konstruktiven Dialog mit dem Fremden zu erreichen.[182] Herta Müller verwirklicht diese Fragmentarisierung auf unterschiedliche Art und Weise. In *Reisende auf einem Bein* schneidet Irene „Photos aus Zeitungen aus" (RB 47) und fertigt daraus eine Collage. Damit unternimmt sie den Versuch, getrennte Dinge in einen neuen kommunikativen Zusammenhang zu stellen:

> „Sie musste lange suchen und vergleichen, bis zwei Photos zusammenfanden. Fanden sie einmal zusammen, taten sie das von selbst. Die Verbindungen, die sich einstellten, waren Gegensätze. Sie machten aus allen Photos ein einziges fremdes Gebilde. So fremd war das Gebilde, daß es auf alles zutraf. Sich ständig bewegte." (RB 47)

Die Bilder finden von selbst zusammen und ergeben schließlich ein fremdartiges Ganzes. Hier lässt sich ein Anknüpfungspunkt an Müllers Poetik ausmachen: Die Fähigkeit der Dinge, durch einen eigenen Impuls zueinander zu finden. Das Ergebnis ist dann kein statisches Konstrukt, sondern ein „fremdes Gebilde", das sich kaleidoskopartig „ständig bewegt". Die Aussage dieses neuen Gebildes ist von der Wahrnehmung des Betrachters abhängig. An einem bestimmten Punkt tut beispielsweise „das Lachen des Mädchens im Schaukelstuhl denselben Abgrund auf [...] wie der Tote im Anzug". (RB 47) Das Detail ist, der kindlichen Wahrnehmungslogik folgend, wichtiger als das Ganze:

> „Einzelnes wird bedeutsam, isolierte Elemente werden aus dem Strom des visualisierten Ganzen herausgegriffen; das Detail reiht sich jedoch nicht zur Serie, denn die kindliche Logik ist nicht linear, sondern erlebt im Neben- und Ineinander die Geburt der Wahrnehmung mit, die jeder kategorialen Überformung oder Subsumtion noch widersteht."[183]

Damit richtet sich die kindliche Wahrnehmung, die sich überwiegend an Details orientiert, gegen die totalisierende Praktik, Kollektive zu bilden. Die Schwierigkeiten, die sich aus dieser Wahrnehmungsweise ergeben, werden vor allem

---

182 Vgl. Waldenfels, 2006, S. 80 ff

183 Dawidowski, Christian: Bild-Auflösung: Einheit als Verlust von Ganzheit. Zu Herta Müllers *Niederungen*. In: Köhnen, 1997, S. 13-26, hier S. 16

dann offenbar, wenn das Kind sich in der vom Kollektiv auferlegten Ordnung zurechtfinden soll, dazu aber nicht gänzlich in der Lage ist:

> „Die Kälte verstauchte mir die Backenknochen. Ich hatte kalte Zähne. Ich fror an den Augäpfeln. Auf dem Kopf tat mir das Haar weh. [...] Ich öffnete die Küchentür, zitterte eine Weile, und Mutter fragte, ob es kalt sei draußen, ob es wieder kalt sei draußen. Sie betonte das Wort wieder, und ich dachte mir, daß es kalt ist draußen, aber nicht wieder kalt, weil es jeden Tag eine andere Kälte ist, immer eine andere Kälte, täglich eine neue Kälte voller Rauhreif. Aber es war nicht kalt, es war nur feucht. Wieder hast du dich gefürchtet, sagte sie." (N 65f.)

Hier kommt es zu einem Missverständnis, weil die kindliche Wahrnehmung eine Vielzahl von Kälten zu unterscheiden weiß, während die Mutter nur eine Form von Kälte zu kennen scheint, weshalb sie das Verhalten des Kindes fehl deutet. Das Empfinden des Kindes ist rein subjektiv und damit nicht an einem allgemeingültigen Begriff von ‚Kälte' interessiert:

> „Paradigmatisch gilt die Wahrnehmung des Kindes, das Unverbundenes neu synthetisiert und Brüche ignorierend Zusammenhänge konstituiert, die den Dingen in der Sicht der Erwachsenen nicht eignen."[184]

Diese an der Zerstückelung und am Detail orientierte kindliche Wahrnehmung ist ein häufig beobachtetes Phänomen in Müllers Texten. Müller selbst beschreibt die Bedeutung des Details folgendermaßen:

> „Ja, ich glaube, daß in der Wahrnehmung das Detail immer eine Rolle spielt, und daß man umso mehr sieht, je mehr man Einzelheiten sieht. Also ich glaube nicht, daß, wenn man das Ganze auf einmal ansieht, daß man genau sieht. Wenn man das Detail ansieht, sieht man zwar nur einen Teil, aber ich glaube, aus diesem Teil heraus sieht man tiefer, als wenn man das Ganze an der Oberfläche sieht. Und ich glaube, daß die Wahrnehmung insgesamt sich aus dem Detail zusammensetzt, und daß verschiedene Dinge immer mitspielen."[185]

Müller verneint die „Existenz einer Ganzheit" und stellt ihr eine „partikularistische Sichtweise" gegenüber, die „Trennung und Teilung" als prägende Momente der „Erfahrungswelt des Menschen"[186] kennzeichnet. Der Riss avanciert zum Sinnbild des menschlichen Lebens, wenn Müller feststellt:

---

184 Dawidowski, S. 18f.

185 Eddy, S. 330

186 Müller, Philipp: Fluchtlinien der erfundenen Wahrnehmung. Strategien der Überwachung und minoritäre Schreibformen in Herta Müllers Roman „Heute wär ich mir lieber nicht

„Wir atmen in ‚Atemzügen'. Wir essen in ‚Bissen'. Wir sprechen in ‚Worten'. Wir fassen die Gegenstände an in ‚Griffen'. Wir gehen in ‚Schritten'. Züge, Bissen, Worte, Griffe, Schritte: In allem ist der Riss." (TS 77)

Der Riss wird zum maßgeblichen Moment. In den Texten finden sich häufig Überblendungen und Verschiebungen, die einer psychologischen Deutung folgend auf „schizophrene Strukturen wie etwa Verfolgungswahn"[187] hinweisen. Müller selbst sieht die Ursache für diese Sichtweise, die sie als den „fremden Blick" (vgl. 4.3) bezeichnet, in der stark angsterzeugenden Machtausübung in der Diktatur.

In *Reisende auf einem Bein* meint die Protagonistin Irene bei ihrer Ankunft in der Bundesrepublik das Gesicht des Diktators zu sehen:

„Irene erkannte das eine, ihr zugewandte Gesicht. Es war das Gesicht des Diktators, der sie vertrieben hatte aus dem anderen Land. Kurz hob der Diktator den Blick. Er schaute Irene an. Irene entfernte sich mit dem Rücken voraus, um das Gesicht des Diktators nicht aus den Augen zu verlieren. Je weiter sich Irene entfernte, je näher zog der Diktator den Unbekannten an sich." (RB 25)

Das Gefühl, verfolgt zu werden, ist aber nicht allein auf den Diktator beschränkt. Auf einem ihrer Streifzüge durch die Stadt fühlt Irene sich von einem Mann verfolgt und nimmt ihn als dermaßen einnehmend wahr, dass sie befürchtet, ihm plötzlich zugehörig zu sein:

„Irene überquerte die Straße bei Rot. Ein Mann holte sie ein. Er rauchte. Er ging langsam. Irene wollte den Mann an sich vorbei lassen. Er überholte sie nicht. Der Rauch zog ihr übers Gesicht. Irene drehte das Gesicht weg. Sie hörte das Atmen des Mannes. Und, daß er mit ihr im Gleichschritt ging. Sie wechselte den Schritt. Sie sah nur noch die Wände der Häuser an. Sie spürte, daß der Mann die Arme im selben Rhythmus bewegte wie sie. Sie bewegte die Arme nicht mehr. Es war dunkel. Das Gefühl, keine Arme zu haben, machte Irene schwindlig. Es ist, wie im Bett liegen und sich schlafend stellen, dachte Irene. Und es ist, wie aus Angst etwas erzwingen. Noch ein paar Schritte, dachte Irene, und der Mann wird den Eindruck haben, daß ich zu ihm gehöre. Irene ging, um nicht zu dem Mann zu gehören, um die Ecke." (RB 63)

Irene fürchtet jegliche Zugehörigkeit. Sie möchte keine „Ganzheit" bilden. Deshalb sträubt sie sich entschieden dagegen, auch nur den Rhythmus der Armbewegung mit jemandem zu teilen. Irene wechselt ihren Schritt, so dass sich der

---

begegnet". In: Arnold, 2002, S. 53

187 Meurer, 2006, S. 194

Schritt des Mannes ihrem nicht anpassen kann. Mithilfe dieser bewussten Unangepasstheit versucht sie den Verfolger loszuwerden.
Besonders deutlich wird das Prinzip der Verschiebung und Überblendung in der Collage, denn in ihr kann sich das Ganze erst aus der Ansammlung zahlreicher Details ergeben.
Die Collage bietet darüber hinaus auch als textuelle Gestaltungsstrategie die Möglichkeit, eine Vielzahl von Alteritätsmomenten einfließen zu lassen.
Herta Müllers Vorliebe für „Wort-Fertigbausteine"[188] aus Journalen wie beispielsweise dem *Spiegel* entwickelte sich erst in der Bundesrepublik. Hier fand sie „Delikatessen und witzige [...] Sonderwörter [...] für Otto Normalverbraucher".[189]
Die Autorin selbst äußerte sich zum Entstehungsprozess ihrer Collagen folgendermaßen:

> „Die Worte der Collagen müssen einem gar nicht einfallen, sie liegen alle gleichzeitig auf dem Tisch. Es ist eine andere Entscheidung, aus dem Vorhandenen zu nehmen, als wenn man Wörter aus dem Kopf schreibt. Es ist alles gleichzeitig da, man schiebt sie mit der Hand hin und her: So willst du es jetzt haben. Ich nehme das eine Wort heraus und tue ein anderes hinein, dieses Ersetzen ist was anderes, als wenn du es geschrieben hast und es dann korrigierst"[190]

Häufig sind die Collagen für Herta Müller auch eine „Vorarbeit" für ihre Prosatexte. So etwa bei *Heute wär ich mir lieber nicht begegnet*. Der Satz stammt ursprünglich aus einer Collage und wurde schließlich zum Titel eines Romans. Auch andere Sätze oder einzelne Wörter aus unterschiedlichen Collagen kommen in dem 1997 erschienenen Roman vor.[191]
Auch „Reisende auf einem Bein" folgt dem Strukturprinzip der Collage:

> „Montage und Collage, fragmenthafte Fetzen und deren Arrangement kennzeichnen die beiden Pole von Wahrnehmungsweise und Textstruktur."[192]

---

188 Wertheimer, Jürgen: Im Papierhaus wohnt die Stellungnahme. Zu Herta Müllers Bild-Text-Collagen. In: Arnold, 2002, S. 80

189 Ebda., S. 81

190 Eddy, S. 336

191 Vgl. ebda.

192 Schulte, Karl: Reisende auf einem Bein – Ein Mobile. In: Köhnen, 1997, S. 57

Anstelle von Ganzheitseindrücken erfolgen oft bruchstückhafte Auflistungen disparater Einzelteile, die beim Leser eher offene Textassoziationen erwecken. Der Diktator erscheint immer wieder vor ihren Augen. Er verfolgt sie auch im neuen Land. Nach der Ankunft in der Bundesrepublik sieht Irene ihn am Flughafen: „Es war das Gesicht des Diktators, der sie vertrieben hatte aus dem anderen Land." (RB 25) Immer wieder blitzen derart unheimliche Bilder in Irenes Bewusstsein auf.

Die schlaglichtartigen Erinnerungen an Rumänien tauchen auch in anderen Situationen und nicht ausschließlich im Zusammenhang mit dem Diktator auf.

Im November 1990 verfasste Müller den Text *Das Land am Nebentisch* (BK 8-11). Darin beschreibt sie, wie sie „[z]wischen den Zeiten der Züge [...] im Bahnhofskaffee in Wien" warten muss und plötzlich die Fremdartigkeit eines am Nebentisch sitzenden Mannes als zutiefst vertraut empfindet. Nachdem der Fremde nach einem Lautsprecheraufruf für einen Zug nach Rumänien aufsteht und geht, stellt die Autorin fest, dass ein „ganzes Land" (KB 10) an einem Menschen hängen kann und wenige Zeilen später schreibt sie,

> „daß mir, wenn ich auf der Straße hier zufällig Fremde neben mir rumänisch sprechen höre, der Atem hetzt, das ist nicht Heimweh. Das ist auch nicht verbotenes, verdrängtes, verborgenes Heimweh. Ich habe kein Wort dafür: Das ist so wie Angst, daß man jemand war, den man nicht kannte. Oder Angst, daß man jemand ist, den man selber von außen nie sieht. Oder Angst, daß man jemand werden könnte, der genauso wie ein anderer ist - und ihn wegnimmt. Und es ist Angst, ich könnte das Rumänische von einem Augenblick auf den anderen, oder einmal in der Nacht während eines halbzerquetschten Traums verlernen. Ich weiß, diese Angst ist unbegründet. Und dennoch gibt es sie, wie es die Angst gibt, mitten auf den Treppen, von einem Schritt zum anderen, das Gehen zu verlernen." (BK 10f.)

Hier wird die Entfremdung des Subjekts klar, das bemerkt, dass ein Teil der Persönlichkeit aus dem Selbstkonzept verdrängt wurde. Dieser Teil ist nicht verloren, sondern taucht immer wieder im Bewusstsein auf und kann auch erschreckend sein.

Das Fremde im Subjekt äußert sich häufig in Form von Dissoziationserscheinungen. Irene nimmt ihre Umwelt bisweilen als verändert oder fremd wahr:

> „Ampeln wie Augen. Dann überkam Irene eine kalte Sicherheit. Als ginge sie über glänzendes Papier, ein Gegenstand, der sich von einer Ansichtskarte in die andere be-

> wegte. Und alles, was sie denken wollte, lief davon. Dann lagen wieder ganze Gedankenzüge wie Straßenzüge in ihrem Kopf." (RB 105)

Irenes Wahrnehmung hat sich verändert. Sie nimmt Dinge verfremdet wahr. Die Umgebung wird als unwirklich empfunden.

Auch Depersonalisationserscheinungen treten häufig auf. Die Selbstwahrnehmung des Subjekts ist verfremdet:

> „Ja, und von Zeit zu Zeit war unter den Rippen die geräuschlose, ruckartige Bewegung, als würde Sand sich verschieben. Im Magen die Leere, die in den Mund kroch. In den Waden der Riß, als würden Maschen laufen. Das sah Irene nicht im Spiegel. Doch die Angst, daß sich eines Tages der Körper fallen lassen würde, ohne den Kopf vorher zu warnen, die sah sie." (RB 79)

Irene kann ihre Angst von außen sehen. Sie fühlt sich in ihrem eigenen Körper fremd, nimmt Körper und Geist („Kopf") als getrennte Bereiche wahr, die unabhängig voneinander existieren.

Auf den Fotos aus einem Fotoautomaten erblickt sie nicht sich selbst, sondern eine fremde Person:

> „Und wie in dem anderen Land, wie auf den Paßphotos, war auch auf diesen Photos eine fremde Person. Auch auf den Photos des Automaten war die andere Irene." (RB 50)

Die Angst vor dem Selbstverlust zieht sich durch zahlreiche Texte. Im Zusammenhang mit den Methoden der Diktatur wird häufig die Furcht vor dem „Irrewerden" geäußert.

In *Reisende auf einem Bein* werden mehrfach Warntafeln zitiert und auf das eigene Selbst bezogen:

> „An den Treppen der Steilküste, wo Erde bröckelte, sah Irene wie in all den anderen Sommern die Warntafeln stehen: ‚Erdrutschgefahr.' Die Warnung hatte in diesem losgelösten Sommer zum ersten Mal wenig mit der Küste und viel mit Irene zu tun." (RB 7)

Irene hängt sich ein Schild, das sie im anderen Land von einer Baustelle gestohlen hat, über ihr Bett. Darauf steht: „Gefahr ins Leere zu stürzen" (RB 84). Auf dem Schild ist ein Mann abgebildet, der mit dem Kopf nach unten fällt. Irene „hatte die Warnung auf ihr Leben bezogen. Und auf das Leben aller, die sie kannte". (RB 84)

Irenes Selbstentfremdung steigert sich zum Selbsthass, wenn sie nicht mehr möchte, dass einzelne Körperteile zu ihr gehören:

> „Wenn die Sonne scheint, hab ich mich dumm gewartet und das Gehen auf dem Trockenen verlernt. Ich bin müde und innerlich so wach, daß ich die Augen nicht geschlossen halten kann. Ich habe die Strümpfe ausgezogen und die Schuhe. Ich sehe meine Zehen von weitem. Ich möchte nicht, daß es meine sind." (RB 109)

Irene schreibt diesen Text auf eine Postkarte an Franz. Sie beschreibt darin das lähmende Warten und ihren Gemütszustand. Erschöpft und aufgewühlt hat sie die Schuhe abgestreift, die in der Erzählung als Metapher für Irenes Identität aufgefasst werden können. Die Sicht auf den nackten Fuß löst ein starkes Befremden aus, das zum Wunsch führt, die Zehen mögen nicht zu ihr gehören. Wieder ist es der Teil eines Ganzen, ein Fragment, das das existenzielle Gefühl der Fremdheit transportiert.

10.2 Hybridität und nomadische Subjektivität

Herta Müllers assoziativ-poetische Sprache lässt „Konstellationen des Übergangs" entstehen. Insbesondere „Bilder der Auflösung"[193] von Grenzen und der Vermischung von Zuständen offenbaren eine hybride Existenzweise.
Homi K. Bhabha stellt fest, dass es

> „eine gängige Vorstellung unserer Zeit [wäre], die Frage der Kultur im Bereich des *darüber Hinausgehenden (beyond)* zu verorten. [...] [W]ir [befinden] uns im Moment des Übergangs, wo Raum und Zeit sich kreuzen und komplexe Konfigurationen von Differenz und Identität, von Vergangenheit und Gegenwart, Innen und Außen, Einbeziehung und Ausgrenzung erzeugen."[194]

Ein Beispiel für die Auflösung oder Überschreitung von Grenzen beschreibt Müller in dem Essay *Wie Wahrnehmung sich erfindet*:

> „Die Straßen entlang werden fliegende Rehe tausendfach unerwartet zum Bild, das seine Grenzen überschreitet. Aus der Notwendigkeit gesetzt, als Hilfe für eine sichere Fahrt, fliegen sie auf jedem Schild aus der Ahnungslosigkeit der Verkehrsplaner in die Ahnung. Sie erfinden sich, sie werden zum poetischen Bild." (TS 17)

---

193 Bozzi, S. 125

194 Bhabha, K. Homi: Die Verortung der Kultur. Tübingen, 2007, S. 1

Es findet eine Verschränkung von Erlebtem und Vorgestelltem, Innen und Außen, dem Detail und dem Ganzen statt.[195]
Wenig später weist Müller auf die „Unverfügbarkeit einer linearen Geschichte für das Ich“[196] hin:

> „Der Zeigefinger im Kopf bricht ständig ein. Wir erwarten dieses Einbrechen und sind nie darauf gefaßt. Es ist Unruhe, die sich von selber auslöst. Eine mechanische, präzise Unruhe. Sie weiß, wohin sie mit uns geht. Nur wir, wir wissen es nicht. Sie ist das Mädchen, das gehende mit dem fliegenden Zopf.“ (TS 19)

Der unberechenbare Zeigefinger bricht in Form von Bildern im Kopf ein. Identität ist „abhängig von Bildern, deren Eigendynamik [die Autorin] auch als schreibendes Subjekt ausgeliefert ist“.[197]
Einige Beispiele für hybride Figuren (u.a. das *Herztier*) wurden bereits im Kapitel über Polyglossie erwähnt. Die Vermischung von Zuständen vollzieht sich aber nicht nur auf sprachlicher Ebene. Müller bedient sich vor allem zahlreicher Bilder, die sich für hybride Konstellationen besser eignen als die „Sprache, die auf dem Nacheinander von Buchstaben, Worten, Sätzen beruht“[198] und sich damit als weniger produktiv erweist.
In *Barfüßiger Februar* vermischen sich die Eindrücke einer Zugfahrt und die Bilder, die aufgrund des toten Freundes evoziert werden:

> „Jetzt ist die Zeit gleich nach dem Tode eines Freundes. Die lange Reise war ein Schienenstrang, das Eisen der Behörden. Das Abteil fuhr. Die Scheibe hetzte Bilder. Nur der Kieferknochen war zerschlagen. Nur der Blick erfroren von der Kälte der Verhöre. Nur die Briefe und Gedichte nackt und ausgelacht. Die Ankunft war der Winter. Fremd war das Land und unbekannt die Freunde. Die Bäume zugeschnitten, kalter Februar. Darüber war ein Fenster.“ (BF 5)

Die Eindrücke der Eisenbahnfahrt in das fremde Land und des gewaltsamen Todes „eines Freundes“ vermischen sich. „[D]as Eisen der Behörden“ transportiert die Kälte und Grausamkeit des Regimes, das den Tod des Freundes verschuldet. Gleichzeitig greift es aber das Bild des Schienenstrangs auf, der sich von einem

---

195 Vgl. Eke, Norbert Otto: Augen/Blicke oder: Die Wahrnehmung der Welt in den Bildern. Annäherung an Herta Müller (Einleitung). In: Eke, 1991, S. 7-21, hier S. 13

196 Schau, Astrid: Leben ohne Grund. Konstruktion kultureller Identität bei Werner Söllner, Rolf Bossert und Herta Müller. Bielefeld, 2003, S. 276f.

197 Ebda., S. 277

198 Bozzi, S. 120

Land bis ins nächste erstreckt. Zwei unterschiedliche Handlungsebenen verschmelzen so zu einem einzigen Bild von Kälte.
Auch menschliche Merkmale können sich vermischen. Bei einem Treffen mit Franz und Thomas kann Irene plötzlich nicht mehr zwischen den Gesichtern ihrer beiden Begleiter differenzieren:

> „Irene schaute Thomas an. Dann Franz. Einer hatte das Gesicht des anderen angenommen. Ich geh mir ein Erdbeereis bestellen, sagte Franz mit Thomas Mund." (RB 155)

Neben der Schilderung sich vermischender Zustände und hybrider Existenzweisen, die sich einer exakten Zuordnung verweigern, entwirft Herta Müller auch das „nomadische Subjekt [...], das von der Lust getrieben wird, sich jeder Assimilierung erfolgreich"[199] zu widersetzen. Fremdheit und Provokation werden bewahrt, obwohl sie den Schmerz des Außenseiters hervorbringen und dem Fremden das Leben erheblich erschweren.
Die Fremdheit ermöglicht erst das Verstehen, denn Plessner zufolge werden wir „im vertrauten Milieu der Heimat [...] alles mehr oder weniger selbstverständlich finden"[200]. Je vertrauter uns die Dinge sind, desto mehr schwindet unsere Aufmerksamkeit, und desto weniger verstehen wir sie. Das Vertraute ist dem Verstehen also an einem bestimmten Punkt entgegengesetzt, und man „muß der Zone der Vertrautheit fremd geworden sein, um sie wieder sehen zu können"[201]. Die *Reisende auf einem Bein* lässt eine Vertrautheit erst gar nicht entstehen. Irene zieht das Nomadisieren dem Sesshaft-Werden vor und kann deshalb Dinge sehen, die von den Sesshaften nicht wahrgenommen werden. Ihre Aufmerksamkeit für ihre Umwelt ist stark erhöht, was nicht zuletzt auch mit dem fremden Blick in Zusammenhang gebracht werden kann (vgl. 4.3).
Auch in ihren Beziehungen zu den Anderen bleibt Irene eine Fremde. Simmel zufolge ist der Fremde „seiner Natur nach kein Bodenbesitzer, wobei Boden nicht nur in dem physischen Sinne verstanden wird, sondern auch [...] in [Bezug auf die] intimeren Verhältnisse [...] von Person zu Person"[202]. Wenn Irene eine Kneipe betritt, tut sie dies „nicht um zu trinken, nicht um zu sitzen, nicht um zu re-

199 Bozzi, S. 111
200 Plessner, S. 92
201 Ebda.
202 Simmel, S. 766

den, [sondern] um von der Straße her in einen Raum zu gehen". (RB 59) Sie unternimmt keinerlei Versuch, mit den Anwesenden in Kontakt zu treten, weil sie das Gefühl hat, nicht dazu zu gehören.

> „Die Gesichter hatten das Schauen und Trinken mit Irene gemeinsam. Manchmal wünschte sich Irene mit diesen Blicken etwas zu teilen. Nur wußte sie nicht, ob sie das wollte. Und, was da zu teilen war. Die Gemeinsamkeit war unverbindlich." (RB 60)

Irenes Einstellung ist ambivalent. Sie stellt sich zwar vor, zur Gemeinschaft der anwesenden Kneipengäste zu gehören und etwas mit ihnen gemeinsam zu haben. Sie versucht aber nicht, diese Vorstellung zu verwirklichen und bedauert es auch nicht, Außenseiterin zu bleiben.
Auch Franz bleibt ihr fremd:

> „Sie nahm eine Karte aus der Tasche und schrieb: Du, ich möchte manchmal, daß du näher bist als ein Schaufenster, oder ein Ast, oder eine Brücke. Doch schon während ich das denke, merk ich, wie ich dich immer mehr aus den Augen verlier." (RB 62)

Irene glaubt nicht mehr an die Möglichkeit einer Beziehung oder jeglicher Nähe zu Franz. Auch ihre Franz betreffenden Wünsche sind ambivalent. Sie wünscht sich, dass er in ihrer Nähe ist, weil sie noch ein Stück Hoffnung in sich trägt, gleichzeitig weiß sie, dass die Hoffnung auf eine Beziehung enttäuscht werden wird, da sie und Franz nicht zueinander passen. Im Rahmen eines Treffens stellt sie Franz gegenüber fest: „Das eine ist mein Bild, das andere ist dein Bild [...]. Dazwischen gibt es nichts." (RB 86) Trotzdem sehnt sich Irene nach Franz und hegt sogar Gefühle der Eifersucht (vgl. RB 88).
Dass jegliche Sehnsucht nach Franz vergeblich ist, wird Irene erst klar, als sie ihn wenig später wieder sieht:

> „Ich hab mir, als ich noch nicht hier war, ich hab mir aus dem anderen Land die Entfernung zwischen dir und mir oft vorgestellt. Es waren viele Entfernungen gewesen. Jeden Tag andere. Und alle haben gestimmt. [...] Erst nach Wochen, als ich dein Gesicht gesehen hab, haben sie nicht mehr gestimmt. Ich war allein abgereist und wollte zu zweit ankommen. Alles war umgekehrt. Ich war zu zweit abgereist. Angekommen bin ich allein." (RB 126)

Die räumliche Entfernung, die eine tatsächlich gegebene war, wird von Irene nicht als Problem wahrgenommen, da sie den in der Ferne lebenden Franz und die Beziehung zu ihm stark idealisiert und große Hoffnungen in das Wiedersehen setzt. Als sie in der Bundesrepublik schließlich feststellen muss, dass ihre Gefühle nicht erwartungsgemäß erwidert werden, ist die Entfernung zwischen ihnen nicht mehr von der Hand zu weisen. Die räumliche Nähe führt zu einer verstärkten Entfremdung. Karl Schulte sieht die Ursache für diesen Entfremdungsprozess in der „gesteuerte[n], eingeschliffene[n] Haltung", mit der Franz „Irene auf Distanz hält"[203].

Franz schreibt einen Eilbrief an Irene, in dem er seine distanzierte Haltung zu erklären versucht:

> „Sähe man die Stadt von innen, so wäre sie eine andere. Irene ist der Name für eine Stadt aus der Ferne, und nähert man sich ihr, so wird sie eine andere. Eins ist die Stadt für den, der vorbeikommt und nicht in sie hineingeht, ein anderes für den, der von ihr ergriffen wird und nicht aus ihr hinausgeht; ist ist die Stadt, in die man zum erstenmal kommt, ein anderes ist die, die man verläßt, um nicht zurückzukehren; jeder gebührt ein anderer Name; vielleicht hab ich von Irene schon unter verschiedenen Namen gesprochen; vielleicht habe ich überhaupt nur von Irene gesprochen." (RB 93f.)

Franz zitiert hier aus Italo Calvinos *Die unsichtbaren Städte*. Er erklärt Irene, die Stelle bereits vor Jahren markiert zu haben. Damals hätte er noch keine Person damit verbunden. Ihr Auftauchen hätte ihn deshalb erschreckt: „Daß du jetzt so heißt, daß du so heißt, erschreckt mich." (RB 94)

Doch nicht nur Franz, auch Irene vergleicht Menschen mit Städten:

> „Nicht nur Marburg, auch andere Städte wurden immer fremder, je öfter Irene sie besuchte. Es waren die Städte, in denen Menschen lebten, die ihr nahestanden. Irene hatte das Gefühl, durch ihren Blick auf diese Städte die Menschen, die ihr nahestanden, von den Städten zu entfernen. [...] Dann sah Irene, daß die Menschen, die ihr nahestanden, die Stadt, in der sie lebten, auf dem Rücken trugen." (RB 138f.)

Irene durchwandert die Städte, um etwas über sie herauszufinden. In diesem Zusammenhang ist die Schuhmetapher, die in der Erzählung *Reisende auf einem Bein* leitmotivisch wiederkehrt, von großer Bedeutung. In einem Schuhgeschäft beobachtet Irene, wie eine Frau ein Paar Schuhe stiehlt. Im Regal sieht sie Schuhe, die ihren eigenen ähneln. Beim Verlassen des Ladens fürchtet sie, des Diebstahls bezichtigt zu werden und ist wie gelähmt angesichts dieser Furcht:

> „Irene wartete auf die Stimme der Verkäuferin. Die haben sie gestohlen, würde die Stimme sagen. Und auf Irenes Schuhe zeigen. Irene schwitzte. Sie wußte, sie würde

[203] Schulte, S. 58

diesen Satz nicht leugnen. Sie würde die Beschuldigung nicht zurückweisen. Sie würde schweigen. Sie würde der Verkäuferin glauben. Sich erinnern, daß sie von zuhause auf den Strümpfen weggegangen war. Daß der Gehsteig voller Sand und feucht gewesen war. Daß die Zigarettenkippen ein paar Schritte an den Strümpfen hingen. Irene fing zu laufen an." (RB 54)

Der Schuh wird zum Symbol für Irenes Identität. Sie fürchtet, verdächtigt zu werden, sich eine fremde Identität angeeignet zu haben. Irene steigert sich in diesen Gedanken so sehr hinein, dass ihre Erinnerung verändert wird. Das Motiv des Weggehens „auf den Strümpfen" kann auf die Situation Irenes übertragen werden. Im neuen Land fehlt ihr eine entsprechende Identität, die sie auch nicht zu finden glaubt. Ein Paar Schuhe in einer Ramschkiste im Supermarkt wird zum Symbol für den Riss, der Irenes Leben prägt:

„Irene kannte die billigen Schuhe aus den Kisten der Supermärkte. Sie hatte Männer und Frauen gesehn, die sich drängten und in den Kisten wühlten. Und Kinder dazwischen, die ihre Mütter und Väter wegziehen wollten. Und weinten. Irene hatte gesehn, wie die Männer und Frauen den einen, passenden Schuh gefunden hatten. Wie sie ihn über den Kopf hielten mit der einen Hand. Mit der anderen weiter wühlten, im Haufen der auseinandergerissenen Paare. Und diese Entfernung blieb, von einem Schuh zum andern." (RB 29f.)

Das Paar Schuhe passt nicht zusammen, obwohl es eigentlich zusammengehört. Irene vermag den Gegensatz nicht zu überbrücken. Ihr

„Sehen bringt nicht die verborgenen Dinge der Realität hervor, sondern insistiert auf den Trennungen. Ihr schonungsloser Blick wird zum zerstörenden Akt."[204]

Irene ist und bleibt eine „Reisende in dünnen Schuhen" (RB 166), eine rastlos Wandernde und damit der Inbegriff der Fremden.

---

204 Predoiu, 2001, S. 150

11 Fremdheit als literarische Strategie

Fremdheit, ein im Allgemeinen negativ besetzter Begriff, spielt im Werk Herta Müllers eine herausragende Rolle. Das Andere und das Fremde werden häufig als literarische Strategie genutzt, um belastende Ordnungen zu sprengen. Die Fremdheitserfahrungen, die in ihren Texten zum Ausdruck kommen, können dazu beitragen, bestehende Vorstellungen vom Anderen kritisch zu reflektieren und so zu neuen Einsichten zu gelangen.

Fremdheit ist aber auch in den Texten Herta Müllers nicht durchweg positiv konnotiert. Häufig assoziiert auch sie Fremdes oder Andersartiges mit Angst. Existenzielle Fremdheit wird als bedrohlich erfahren.

In dieser Studie habe ich vor allem den Versuch unternommen, das Potenzial, das Herta Müller Fremdheit und Alterität einräumt, zu beleuchten. Differenz kann als konstitutiver Bestandteil von Müllers Literatur betrachtet werden.

Eine Grundtendenz ihres Werkes ist auch die Dekonstruktion von Vorstellungen, die zu Fremdenfeindlichkeit beitragen. Durch die Auseinandersetzung mit ihren Texten kann der Leser zu einem besseren Verständnis für die Situation des Fremden gelangen.

Sie selbst äußert sich in diesem Zusammenhang folgendermaßen zum Fremdsein:

> „An den Orten, an denen ich bin, kann ich nicht fremd im allgemeinen sein. Auch nicht fremd in allen Dingen zugleich. Ich bin, so wie andere auch, fremd in einzelnen Dingen. Zu Orten kann man nicht gehören. Man kann im Stein, im Holz, egal, wie es sich fügt, doch nicht zuhause sein - weil man nicht aus Stein und Holz besteht. Wenn das ein Unglück ist, dann ist Fremdsein Unglück. Sonst nicht." (BK 11)

Fremdheit ist keine Eigenschaft, sondern eine Zuschreibung. Das Fremde *an sich* existiert also nicht. Jeder ist irgendwo fremd und keiner ist nirgendwo fremd. Dieser Kerngedanke zieht sich wie ein roter Faden durch das Werk Herta Müllers.

12 Literaturverzeichnis

I. Verzeichnis der Siglen

A Müller, Herta: Atemschaukel. München, 2009

BF Müller, Herta: Barfüßiger Februar. Berlin, 1987

BK Müller, Herta: Eine warme Kartoffel ist ein warmes Bett. Hamburg, 1992

FB Müller, Herta: Der Fremde Blick oder Das Leben ist ein Furz in der Laterne. Göttingen, 1999

F Müller, Herta: Der Fuchs war damals schon der Jäger. Reinbek, 1992

H Müller, Herta: Herztier. Reinbek, 1994

HB Müller, Herta: Heute wär ich mir lieber nicht begegnet. Reinbek, 1999

HG Müller, Herta: Heimat ist das was gesprochen wird. Blieskastel, 2001

HS Müller, Herta: Hunger und Seide. Essays. Reinbek, 1995

IF Müller, Herta: In der Falle. Bonner Poetik-Vorlesungen. Göttingen, 1996

K Müller, Herta: Der König verneigt sich und tötet. München, 2003

MF Müller, Herta: Der Mensch ist ein großer Fasan auf der Welt. Reinbek, 1995

N Müller, Herta: Niederungen. Reinbek, 2002, 2. Auflage

RB Müller, Herta: Reisende auf einem Bein. Reinbek, 1995

TS Müller, Herta: Der Teufel sitzt im Spiegel. Wie Wahrnehmung sich erfindet. Berlin, 1991

II. Interviews und Gespräche

Eddy, Beverly Driver: „Die Schule der Angst". Gespräch mit Herta Müller, den 14. April 1998. In: The German Quarterly, 72, 1999, H. 4, S. 329-340

Kroeger-Groth, Elisabeth: „Der Brunnen ist kein Fenster und kein Spiegel" oder Wie Wahrnehmung sich erfindet. Ein Gespräch mit Herta Müller. In: Diskussion Deutsch, 26, 1995, H. 143, S. 223-230

III. Sonstige Quellen und Sekundärliteratur

Adorno, Theodor W.: Ästhetische Theorie. Frankfurt/Main, 1973

Apel, Friedmar: Schreiben, Trennen. Zur Poetik des eigensinnigen Blicks bei Herta Müller. In: Eke, 1991, S. 22-31

Arnold, Heinz Ludwig (Hg.): Herta Müller. TEXT + Kritik. Zeitschrift für Literatur. München, 2002, H. 155

Arnold, Heinz Ludwig: Literatur und Migration. TEXT + KRITIK. Zeitschrift für Literatur. Sonderband. München, 2006

Barner, Wilfried; Müller-Seidel, Walter (Hg.): Jahrbuch der deutschen Schillergesellschaft. Stuttgart, 1997

Barthes, Roland: Mythologies. London, 1957

Barthes, Roland: Mythen des Alltags. Frankfurt/Main, 2006, 29. Auflage

Becker, Claudia: ‚Serapiontisches Prinzip' in politischer Manier. - Wirklichkeits- und Sprachbilder in „Niederungen". In: Eke, 1991, S. 32-41

Benjamin, Walter: Gesammelte Schriften Bd. I – 2. Abhandlungen. Frankfurt/Main, 1991

Bhabha, K. Homi: Die Verortung der Kultur. Tübingen, 2007

Bozzi, Paola: Der fremde Blick. Zum Werk Herta Müllers. Würzburg, 2005

Brandt, Bettina: Schnitt durchs Auge. Surrealistische Bilder bei Yoko Tawada, Emine Sevgi Özdamar und Herta Müller. In: Arnold, 2006, S. 74-83

Brednich, Rolf Wilhelm: Enzyklopädie des Märchens. Handwörterbuch zur historischen und vergleichenden Erzählforschung, Bd. 5, Berlin, 1987

Brodbeck, Nina: Schreckensbilder. Zum Angstbegriff im Werk Herta Müllers. Unveröffentlichte Dissertation, Marburg, 2000

Daemmrich, Horst S. und Ingrid: Themen und Motive in der Literatur. Ein Handbuch. Tübingen, 1987

Dawidowski, Christian: Bild-Auflösung: Einheit als Verlust von Ganzheit. Zu Herta Müllers *Niederungen*. In: Köhnen, 1997

Denneler, Iris (Hg.): Die Formel und das Unverwechselbare. Interdisziplinäre Beiträge zu Topik, Rhetorik und Individualität. Frankfurt/Main, 1999

Doppler, Bernhard: Die Heimat ist das Exil. Eine Entwicklungsgestalt ohne Entwicklung. Zu „*Reisende auf einem Bein*". In: Eke, 1991, S. 95-106

Eke, Norbert Otto (Hg.): Die erfundene Wahrnehmung. Annäherung an Herta Müller. Paderborn, 1991

Eke, Norbert Otto: Augen/Blicke oder: Die Wahrnehmung der Welt in den Bildern. Annäherung an Herta Müller (Einleitung). In: Ders., 1991, S. 7-21

Eke, Norbert Otto: Herta Müllers Werke im Spiegel der Kritik (1982-1990). In: Ders., 1991, S. 107-130

Eke, Norbert Otto: „Sein Leben machen/ ist nicht, /Sein Glück machen/ mein Herr". Zum Verhältnis von Ästhetik und Politik in Herta Müllers Nachrichten aus Rumänien. In: Barner; Müller-Seidel, 1997, S. 481-509

Frauendorfer, Helmuth: Poesie gegen die Gewalt. In: Kratschmer, Edwin (Hg.): Literatur + Diktatur. Internationales Autorencolloquium KUNST + FREIHEIT, LITERATUR + DIKTATUR, 14.-16. November 1997 an der Friedrich-Schiller-Universität Jena, S. 183-189

Freud, Sigmund: Die Traumdeutung. In: GW II, Frankfurt/Main, 1981, 6. Auflage

Freud, Sigmund: Das Unheimliche. In: GW XII, Frankfurt/Main, 1966, 3. Auflage

Freud, Sigmund: Das Ich und das Es. In: GW XIII, Frankfurt/Main, 1967, 5. Auflage

Galle, Roland; Klingen-Protti, Johannes (Hg.): Städte der Literatur. Heidelberg, 2005

Hahn, Alois: Soziologie des Fremden. In: Erfahrungen des Fremden, Vorträge im Sommersemester 1992. Heidelberg, 1992, S. 23-34

Haupt-Cucuiu, Herta: Eine Poesie der Sinne. Herta Müllers „Diskurs des Alleinseins“ und seine Wurzeln. Paderborn, 1996

Hiebel, Hans H.: Strukturale Psychoanalyse und Literatur (Jacques Lacan). In: Bogdal, Klaus-Michael: Neue Literaturtheorien. Opladen, 1997, 2. Auflage, S. 57-83

Husserl, Edmund: Cartesianische Meditationen (= Husserliana I). Den Haag, 1963, 2. Auflage

Husserl, Edmund: Die Krisis der europäischen Wissenschaften und die transzendentale Phänomenologie. Eine Einleitung in die phänomenologische Philosophie (= Husserliana VI). Den Haag, 1962, 2. Auflage

Jay, Nancy: Geschlechterdifferenzierung und dichotomes Denken. In: Schaeffer-Hegel; Watson-Franke, 1988, S. 245-262

Kegelmann, Rene: „An den Grenzen des Nichts, dieser Sprache...“ Zur Situation rumäniendeutscher Literatur der achtziger Jahre in der Bundesrepublik Deutschland. Bielefeld, 1995

Kluge, Friedrich: Etymologisches Wörterbuch der deutschen Sprache. Bearb. von Elmar Seebold. Berlin, 1995, 23. Auflage

Köhnen, Ralph (Hg.): Der Druck der Erfahrung treibt die Sprache in die Dichtung. Bildlichkeit in Texten Herta Müllers. Frankfurt/Main, 1997

Köhnen, Ralph: Terror und Spiel. Der autofiktionale Impuls in frühen Texten Herta Müllers. In: Arnold, 2002, H. 155, S. 18-29

Koutková, Lucie: Das System als Krankheit, die Krankheit im System. In: Schenk, Klaus (Hg.): Migrationsliteratur. Schreibweisen einer interkulturellen Moderne. Tübingen, 2004, S. 231-246

Kratschmer, Edwin (Hg.): Literatur + Diktatur. Internationales Autorencolloquium KUNST + FREIHEIT, LITERATUR + DIKTATUR, 14.-16. November 1997 an der Friedrich-Schiller-Universität Jena

Kristeva, Julia: Fremde sind wir uns selbst. Frankfurt/Main, 1990

Kupke, Christian: Julia Kristeva. Das Pathos des Denkens oder Die zweifache Genese des Subjekts. In: Moebius; Quadflieg, 2006, S. 223-234

Lacan, Jacques: Encore. Le seminaire livre XX. Paris, 1975

Lacan, Jacques: Das Seminar von Jacques Lacan. Buch I (1953-1954). Freuds technische Schriften. Olten, 1978

Lacan, Jacques: Subversion des Subjekts und Dialektik des Begehrens im Freudschen Unbewußten. In: Ders.: Das Seminar von Jacques Lacan. Buch II (1954-55). Das Ich in der Theorie Freuds und in der Technik der Psychoanalyse (= Sem II), Olten, 1975, S. 165-204

Lacan, Jacques: Das Seminar. Buch 20. Encore. Weinheim, 1986

Levinas, Emmanuel: Totalite et infini. Essai sur l'exteriorite. Den Haag, 1961

Lohmann, Hans-Martin; Pfeiffer, Joachim (Hg.): Freud-Handbuch. Leben - Werk - Wirkung. Stuttgart, 2006

Luhmann, Niklas: Inklusion und Exklusion. In: Ders.: Soziologische Aufklärung 6. Die Soziologie und der Mensch. Opladen, 2005, 2. Auflage

Mead, George Herbert: Geist, Identität und Gesellschaft aus der Sicht des Sozialbehaviorismus. Frankfurt/Main, 1968

Meurer, Petra: Formelhaftigkeit bei Herta Müller. In: Denneler, 1999, S. 174-194

Meurer, Petra: Rasende Flaneure. Kulturelle Identität und Gender in den Texten Richard Wagners und anderer rumäniendeutscher Autoren. In: Arnold, 2006, S. 186-195

Mitscherlich, Alexander: Freiheit und Unfreiheit in der Krankheit. Das Bild des Menschen in der Psychotherapie. Hamburg, 1946

Moebius, Stephan; Quadflieg, Dirk (Hg.): Kultur: Theorien der Gegenwart. Wiesbaden, 2006

Müller, Philipp: Fluchtlinien der erfundenen Wahrnehmung. Strategien der Überwachung und minoritäre Schreibformen in Herta Müllers Roman „Heute wär ich mir lieber nicht begegnet“. In: Arnold, 2002

Münkler, Herfried; Ladwig, Bernd: Dimensionen der Fremdheit. In: Dies., Furcht und Faszination. Facetten der Fremdheit. Berlin, 1997, S. 11-44

Nassehi, Armin: Der Fremde als Vertrauter. Soziologische Beobachtungen zur Konstruktion von Identitäten und Differenzen. In: Kölner Zeitschrift für Soziologie und Sozialpsychologie 47, 1995, S. 443-463

Neau, Patrice: Vom Auszug der Dichter. Zur Problematik des ‚Ortswechsels‘ bei den rumäniendeutschen Autoren. In: Schenk, 2004

Orth, Ernst Wolfgang (Hg.): Profile der Phänomenologie, Bd. 22. Freiburg, 1989

Pastior, Oskar: Das Hören des Genitivs. Gedichte. München, 1997

Patrut, Iulia-Karin: Schwarze Schwester – Teufelsjunge. Ethnizität und Geschlecht bei Paul Celan und Herta Müller. Köln, 2006

Plessner, Helmuth: Conditio humana. Gesammelte Schriften VIII. Frankfurt/Main, 2003

Predoiu, Grazziella: Faszination und Provokation bei Herta Müller, Eine thematische und motivische Auseinandersetzung. Frankfurt/Main, 2001

Predoiu, Grazziella: Rumäniendeutsche Literatur und die Diktatur. „Die Vergangenheit entlässt dich niemals“. Hamburg, 2004

Reuter, Julia: Ordnungen des Anderen. Zum Problem des Eigenen in der Soziologie des Fremden. Bielefeld, 2002

Richter, Dieter: Das fremde Kind. Zur Entstehung der Kindheitsbilder des bürgerlichen Zeitalters. Frankfurt/Main, 1987

Roberg, Thomas: Bildlichkeit und verschwiegener Sinn in Herta Müllers Erzählung *Der Mensch ist ein großer Fasan auf der Welt*. In: Köhnen, 1997, S. 27-42

Sandkühler, Hans Jörg (Hg.): Enzyklopädie Philosophie. Bd. 1. A-N. Hamburg, 1999

Schaeffer-Hegel, Barbara; Watson-Franke, Barbara (Hg.): Männer Mythos Wissenschaft. Grundlagentexte zur feministischen Wissenschaftskritik. Pfaffenweiler, 1988

Schau, Astrid: Leben ohne Grund. Konstruktion kultureller Identität bei Werner Söllner, Rolf Bossert und Herta Müller. Bielefeld, 2003

Scheffler, Karl: Berlin – Ein Stadtschicksal. Berlin, 1989, S. 219, zitiert nach: Scherpe, Klaus R.: Berlin als Ort der Moderne. In: Galle, Roland; Klingen-Protti, Johannes (Hg.): Städte der Literatur. Heidelberg, 2005

Schenk, Klaus (Hg.): Migrationsliteratur. Schreibweisen einer interkulturellen Moderne. Tübingen, 2004

Schulte, Karl: Reisende auf einem Bein – Ein Mobile. In: Köhnen, 1997, S. 53-62

Simmel, Georg: Exkurs über den Fremden. In: Ders.: Soziologie. Untersuchung über die Formen der Vergesellschaftung. Frankfurt/Main, 1992

Stagl, Justin: Grade der Fremdheit. In: Münkler; Ladwig, 1997, S. 85-114

Strzelczyk, Florentine: Un-heimliche Heimat. Reibungsflächen zwischen Kultur und Nation. München, 1999

Taureck, Bernhard: Levinas zur Einführung. Hamburg, 1991

Todorov, Tzvetan: Die Eroberung Amerikas. Das Problem des Anderen. Frankfurt/Main, 1985

Vetter, Helmuth (Hg.): Wörterbuch der phänomenologischen Begriffe. Hamburg, 2004

Wagner, Carmen: Sprache und Identität. Literaturwissenschaftliche und fachdidaktische Aspekte der Prosa Herta Müllers. Oldenburg, 2002

Waldenfels, Bernhard: Erfahrung des Fremden in Husserls Phänomenologie. In: Orth, 1989

Waldenfels, Bernhard: Der Stachel des Fremden. Frankfurt/Main, 1990

Waldenfels, Bernhard: Topographie des Fremden. Studien zur Phänomenologie des Fremden I. Frankfurt/Main, 1997, 3. Auflage

Waldenfels, Bernhard: Phänomenologie des Eigenen und des Fremden. In: Münkler; Ladwig, 1997, S. 65-83

Waldenfels, Bernhard: Grenzen der Normalisierung. Frankfurt/Main, 1998

Waldenfels, Bernhard: In den Netzen der Lebenswelt. Frankfurt/Main, 2006, 2. Auflage

Weber, Ingeborg: Weiblichkeit und weibliches Schreiben. Darmstadt, 1994

Weber, Ingeborg: Weiblichkeit: Wahn und Wirklichkeit. Von der Geschichtsmächtigkeit der Bilder des Weiblichen. In: Dies.: Weiblichkeit und weibliches Schreiben. Darmstadt, 1994, S. 3-9

Wertheimer, Jürgen: Im Papierhaus wohnt die Stellungnahme. Zu Herta Müllers Bild-Text-Collagen. In: Arnold, 2002, S. 80-84

Wierlacher, Alois (Hg.): Kulturthema Fremdheit. Leitbegriffe und Problemfelder kulturwissenschaftlicher Fremdheitsforschung. München, 1993

Zierden, Josef: Deutsche Frösche. Zur „Diktatur des Dorfes" bei Herta Müller. In: Arnold, 2002, S. 30-38

***ibidem*-Verlag**

Melchiorstr. 15

D-70439 Stuttgart

info@ibidem-verlag.de

www.ibidem-verlag.de
www.ibidem.eu
www.edition-noema.de
www.autorenbetreuung.de

Zeltfracht Medien GmbH
Ferdinand-Jühlke-Straße 7
99095 Erfurt, Deutschland
produktsicherheit@kolibri360.de